Igualdad y no discriminación en el ámbito Laboral

ICB Editores (Interconsulting Bureau S.L.)
C/ Flauta Mágica, 1 local 1B
P.I. Alameda 29006 – Málaga. España
Tfno: (+34) 952 28 87 67
info@icbeditores.com
www.icbeditores.com

Igualdad y no discriminación en el ámbito laboral

Coordinadora de la obra: María Dolores Pérez Rodríguez
Licenciada en Pedagogía por la Universidad de Málaga

1ª edición, 01/2024

ISBN: 978-84-19720-40-5

Impreso en España - *Printed in Spain*

Código: MAIC005076

ÍNDICE

1. El principio de no discriminación por razón de sexo en el ámbito laboral

1.1. Definición de conceptos previos en materia de igualdad

1.2. Identificación y análisis de situaciones susceptibles de causar desigualdad entre mujeres y hombres en el ámbito laboral

MÓDULO

1. El principio de no discriminación por razón de sexo en el ámbito laboral

Contenido del Módulo

UNIDAD

1.1. Definición de conceptos previos en materia de igualdad

Contenido de la Unidad

- Socialización y control social
- Socialización y género
- Teoría Sexo/ Género
- Roles de género
- Estereotipos de género
- Impulso femenino
- La paridad
- Mujer y trabajo
- La segregación horizontal y vertical
- El techo de cristal
- Ámbitos de desigualdad
- Mujer y mercado de trabajo
- La igualdad formal
- Marco jurídico-laboral
- Resumen
- Autoevaluación

ICB
EDITORES

1. Socialización y control social

Toda colectividad organizada intenta mantener su pervivencia en el tiempo mediante lo que se denomina control social. Este consiste en los mecanismos que una sociedad emplea para regularse a sí misma.

El fin de la socialización es la adaptación del individuo a las exigencias de la comunidad. Cuando obra de acuerdo con las pautas generales de la sociedad se produce la conformidad de conductas y la armonía social, que permite agrupar los roles individuales en grandes conjuntos que llamamos instituciones, que se ayudan y complementan mutuamente formando el sistema social.

En las instituciones reinan unas pautas estables, unas formas permanentes de actuar. La regularidad es lo que se llama orden social, y tal orden tiene claridad y racionalidad, permitiendo ser comprendido y explicado. Esta regularidad estable se expresa en leyes claras y constantes que permiten prever la conducta futura global del conjunto social.

El orden establecido en la sociedad es una condición imprescindible para que la sociedad subsista y cumpla sus objetivos. Ese orden se transmite mediante la socialización y se sostiene y defiende mediante el control social, que se convierte así, en el esfuerzo que la sociedad despliega para mantener su unidad y orden interno.

En el nivel interno, el control social descansa sobre la socialización o interiorización de normas y valores sociales. Erich Frömm, psiquiatra y filósofo de la Escuela de Frankfurt, afirma que para que una sociedad funcione eficazmente sus miembros deben adquirir el tipo de carácter que les haga querer actuar del modo en que tienen que hacerlo; como miembros de la sociedad, tienen que desear hacer lo que objetivamente es necesario que hagan. Cuando las personas hacen voluntariamente lo que objetivamente beneficia a la sociedad, es que están bien socializadas.

Pero como la socialización nunca es perfecta, la sociedad, para garantizar el comportamiento correcto emplea sanciones, es decir, recompensas y castigos. Así, los controles sociales pueden ser informales o formales.

El control se ejerce de diversas maneras. Su instrumento principal es el sistema de sanciones que toda sociedad despliega sobre sus miembros. El control social puede lograrse por la fuerza o por la cooperación voluntaria; es decir, se consigue la aceptación de valores y las normas desde un nivel interno o de conformidad con lo establecido, o desde un nivel externo, mediante la amenaza o la imposición.

Las sanciones del control social pueden ser positivas cuando revisten forma de recompensa, como riquezas, libertad, prestigio, buen nombre, amistad, pero, la palabra sanción se aplica con más frecuencia a los aspectos negativos que toman forma de penas físicas (pena de muerte, tortura, cárcel o castigos menores), penas económicas (multas, perdida de ganancia, degradación laboral), penas sociales (expulsión, rechazo, marginación, desprecio, burla, chismorreo) o penas sobrenaturales de carácter religioso o mágico.

Cuando las personas interiorizan normas, hábitos y valores fomentados por la sociedad, se sienten culpables y desorientadas al transgredirlos, y de ese modo, las personas se vigilan a sí mismas, y el control social se convierte en autocontrol.

El control social informal comprende la presión no oficial y sutil para obligar a conformarse con las normas y valores. Las sanciones informales positivas incluyen, por ejemplo, una sonrisa, una alabanza, un gesto cariñoso, etc. Las sanciones informales negativas incluyen el aislamiento, la murmuración, las amenazas verbales o físicas, etc. Estos controles están entrelazados eficazmente en el tejido de la vida diaria.

El control social formal comprende las presiones directas y oficiales para conformarse con las normas y valores sociales. Este control es coercitivo y cuenta con un poder más o menos legítimo ejercido a través de la policía, los jueces, las cárceles, etc.

En las pequeñas sociedades tradicionales, donde existe un alto grado de consenso sobre aquello que es aceptable o no aceptable, los controles informales son, generalmente, suficientes. Sin embargo, en las sociedades modernas, más complejas y heterogéneas, los controles sociales formales son más necesarios.

La creación de ese orden, sostenido por el control social, viene a ser el objetivo que la sociedad espera lograr mediante la socialización y, para lograrlo con éxito, se otorga una importancia decisiva a la educación, que transmite las normas, pautas de conducta y sanciones vigentes, evitar comportamientos desviados o reducirlos, lo que garantiza el mantenimiento de la sociedad.

Pero el sistema social no es rígido, sino flexible y mutable, con frecuencia se puede romper el equilibrio social y pueden surgir desviaciones que afecten a un grupo reducido o mutaciones que revuelven a todo el conjunto. Cuando un grupo dentro de la sociedad sigue modelos que se sitúan fuera o contra lo permitido o habitual en la sociedad, ahí tenemos una típica desviación social. Estas son generalmente rechazadas, aunque algunas son toleradas.

Desde el punto de vista de la educación social deben tenerse presentes todas las conductas desviadas: delincuencia, narcotráfico, marginación, aislamiento, prostitución, mendicidad, sectarismo. Las desviaciones brotan y se pueden ver empujadas por muy diversos factores que a veces dominan un ambiente y condicionan esas conductas. En otras ocasiones, nacen del propio psiquismo de la persona, de la angustia, decepción, inseguridad, rechazo, frustración o alguna alteración mental. Es decir, la desviación, puede ser individual o grupal, cuando todo el grupo es el que se desvía.

En ocasiones, las desviaciones no son simplemente asociales o antisociales. Pueden darse en grupos que solo desean la renovación total de la sociedad para lograr unas normas y estructuras que favorezcan y mejoren la vida humana, en este caso, estamos ante la acción de modernizadores o revolucionarios, que no se desvían de modo negativo, sino que hacen propuestas de mejora. Si estas propuestas son aceptadas por una minoría y posteriormente por la mayoría, dejan de ser desviaciones y se convierten en pautas de una nueva situación, es el cambio social.

2. Socialización y género

Respecto a la diversidad cultural, cabe decir que cada pueblo o grupo posee una cultura. Cuando se estudia una cultura determinada debe hacerse a partir de sus propios significados y valores. Juzgar a otras culturas con los criterios de la nuestra es caer en el etnocentrismo.

Los sociólogos, como los antropólogos, tienen que desprenderse de sus propios prejuicios, admitiendo la realidad de un relativismo cultural. Esto significa que los principios morales, las ideologías, las creencias religiosas o las leyes, dependen del lugar, de la historia, de la tradición heredada y de otros muchos factores externos a la naturaleza básica del hombre.

Es importante mencionar que el proceso de socialización es diferente según el sexo al que pertenecemos, puesto que los diversos agentes de socialización se encargan de crear una identidad de género, fomentando determinadas y diferentes formas de pensar, sentir y actuar entre los sexos. Este proceso de «socialización diferencial», incluye también la transmisión de códigos axiológicos y morales diferenciales entre hombres y mujeres (Blanch, 1992, citado por Zarco, 1997).

La primera base sobre la que se apoya esta diferenciación, se encuentra en las diferencias físicas y biológicas. Pero existen diferencias sexuales, más allá de lo prefijado biológicamente, ya que sobre la base de las diferencias fisiológicas actúa la cultura incorporando ideas y creencias que van separando el mundo de las mujeres y los hombres, así es como se introduce el concepto de género, definido como la representación ideológica de las diferencias sexuales y la construcción cultural de lo puramente biológico (Lagarde, 1991).

De esta manera se genera una diferenciación entre hombres y mujeres también en cuanto a desarrollo cognitivo, emocional y social, personalidad, aptitudes, rendimiento, intereses y actitudes. Este concepto, «género», sirve para referirse al carácter eminentemente social y cultural de los roles y atributos diferenciales que se asocian a hombres y mujeres, tal y como afirma Zarco (1997).

Es probablemente debido a estas diferencias que se ha producido una distribución desigual de los roles sociales entre hombres y mujeres surgida a raíz de la revolución industrial y esto ha dado lugar al nacimiento de estereotipos sexuales que determinan atributos específicos para hombres y mujeres.

En la actualidad, este hecho viene corroborado en numerosas investigaciones (Moya y Pérez, 1988; William y Best, 1990; CIS, 1991; López, 1991; Echavarría y cols., 1992). En la encuesta realizada por el Centro de

Investigación Social de Madrid en el año 1990, se observa que los términos que han sido identificados como característicos del género masculino en mayor medida que con el femenino fueron los siguientes: responsabilidad, capacidad, disciplina, competitividad y, por el contrario, las palabras que se identificaron con el género femenino en mayor medida que con el masculino fueron: sensibilidad, laboriosidad, creatividad, fidelidad y sinceridad (Zarco, 1997).

En líneas generales se puede observar que en el varón se tiende a destacar aspectos que están estrechamente relacionados con el autodominio, el dinamismo, la estabilidad emocional y la inteligencia; por el contrario, en la mujer se encuentran destacados los rasgos emocionales.

Estas creencias estereotipadas sobre los rasgos de personalidad de hombres y mujeres pueden contribuir a definir qué actividades se consideran apropiadas para unos y otras desde temprana edad, asignándose de manera diferenciada para niños y niñas.

Si esto sucede, será muy difícil que los niños y las niñas, en su crecimiento, puedan desarrollar un sentido de autoeficacia adecuado para aquellas actividades que no se les permitió realizar, por pertenecer a uno o a otro género, tal y como planteaba Bandura, (1999). Las creencias de eficacia determinan la lista de opciones contempladas, así, las personas no contemplan como opciones válidas las pertenecientes a dominios de baja autoeficacia percibida. Por tanto, no es muy probable que los intereses profesionales se desarrollen en áreas en las que la autoeficacia percibida sea negativa.

Tal como afirma Bandura (1987) las elecciones que hace una persona durante el período de formación y que influyen en su desarrollo son determinantes del curso futuro de su vida.

Tales elecciones favorecen el desarrollo de distintas competencias, intereses y preferencias a la vez que establecen límites en las alternativas que pueden considerarse de forma realista. Sin embargo, existen pocas decisiones que ejercen una influencia tan profunda sobre la vida de los seres humanos como la elección de una carrera o profesión (Hackett, 1999).

3. Teoría Sexo/ Género

Mediante la teoría del género se realiza una reflexión sobre sexo y género, estableciendo una clara distinción en los hechos biológicos y los socioculturales.

El concepto de «género» ha sido desarrollado en Estados Unidos, y en los países anglosajones en general, para traducir el aspecto social de la división sexuada.

Desde este punto de vista, se establece la existencia de un aspecto del sexo que es construido, diferente de la distinción biológica, por ejemplo, que no se habla a una mujer de la misma forma que a un hombre o que son las mujeres las que realizan las tareas domesticas de manera habitual.

Designed by Freepik

El término «género» se introduce en España en los inicios de los años 80, como una aportación de algunas pensadoras feministas desde diferentes campos del conocimiento, que introducen en el país las nuevas teorías y enfoques epistemológicos desarrollados en el mundo anglosajón.

Se trata, en ese momento, de una traducción del término gender, pero ello no implica que se trate de un anglicismo.

«Género» deriva del latín, «genus, generis» (linaje, especie, género; derivado de «gignere», engendrar). Derivados suyos son: general, genérico, generoso, congénere, degenerar, génesis, gen, engendrar, etc. Del latín ha pasado al castellano, al inglés, al francés, etc.

Por «género» se entiende una construcción simbólica que alude al conjunto de atributos socioculturales asignados a las personas a partir del sexo y que convierten la diferencia sexual en desigualdad social. La diferencia de género no es un rasgo biológico, sino una construcción mental y sociocultural que se ha elaborado históricamente.

Por lo tanto, «género» no es equivalente a sexo: el primero se refiere a una categoría sociológica y el segundo a una categoría biológica.

El sexo nace con la persona y es el conjunto de características físicas que diferencian al hombre de la mujer. El hombre tiene pene y testículos. La mujer tiene vulva, vagina y senos. Cuando un ser humano nace se dice que es hombre o mujer según tenga pene o vagina.

El género es masculino o femenino, son condiciones que se aprenden desde la infancia, pero los papeles que socialmente desempeñan hombre o una mujer no nacen con los seres humanos, sino que la cultura, la sociedad, el medio ambiente, la familia, la calle, la escuela, los medios de comunicación y la época histórica en la que vive el ser humano, le imponen roles, le enseña actitudes y creencias de lo que es ser hombre o mujer.

Por ejemplo, cuando un niño nace los adultos lo visten de azul, blanco o verde; le compran coches de juguete y lo visten con pantalones. Cuando una niña nace la visten de rosa o blanco, le regalan muñecas, ollas y vestidos. Los colores, los objetos y la ropa se convierten en elementos clave para determinar lo que es masculino y lo que es femenino.

Así, se entiende por «género» como una red de símbolos culturales, normas, patrones institucionales y elementos de identidad subjetiva que a través de un proceso de construcción social atribuye roles diferentes a los sexos y, al mismo tiempo, los articula dentro de relaciones de poder.

A este conjunto de características asociadas a los procesos de socialización y marcadas por la cultura, es a lo que se llama «género».

Este concepto de «género» al ser una construcción social, varía entre épocas, países y de unos grupos sociales a otros en función de la economía, las normas y los valores, el sistema político, la edad, la religión, etc.

Todo ello hace que las características, oportunidades y expectativas asignadas a las personas sean diferentes de unas generaciones a otras y de unos grupos a otros.

Las costumbres y las tradiciones provocan que se vean como normales y naturales muchos comportamientos y actitudes que en determinadas circunstancias no benefician pero que se mantienen porque «se lleva haciendo toda la vida» o «así ha sido siempre», aunque estén limitando el libre desarrollo de las personas.

Por ello, las relaciones de Género se establecen a través de procesos como la comunicación o el control de poder y se transmite a través de la educación, la familia, la escuela y el medio que nos rodea, teniendo en este tema una influencia notoria los medios de comunicación.

La dinámica de la sociedad actual hace que se haya modificado la definición de lo femenino y lo masculino. Estas variaciones han sido producto de factores que han influido en su mantenimiento y transformación:

- Los factores culturales como la raza, la religión, el contexto histórico y las tradiciones entre otras, que condicionan las relaciones entre las personas.
- Los medios de comunicación, proyectando en unos casos formas de vida nuevas y alternativas y, en otros, estereotipos de personas idealizadas y utópicas, como modelos, altas ejecutivas y chicos guapos y famosos.
- El sistema económico, favoreciendo la progresiva incorporación de mujeres al mercado laboral.
- El sistema político, mediante la puesta en marcha de medidas de acción positiva, está contribuyendo a la creciente y paulatina incorporación de mujeres en la toma de decisiones.
- Los factores demográficos derivados del control de la natalidad han influido de forma determinante en la planificación del momento y número de embarazos que una mujer desea tener.

- La legislación mediante la penalización de actos discriminatorios.

El sistema educativo ha permitido una disminución de forma progresiva de los índices de analfabetismo, al mismo tiempo que ha facilitado la incorporación de las mujeres a los diferentes niveles de trabajo. Con todo ello, podemos afirmar que el género cambia de generación en generación, de un contexto regional a otro, a lo largo del tiempo, como resultado de las políticas y, además, es específico en cada cultura, por tanto es susceptible de transformación, ya que los roles de género se aprenden y dependen del contexto histórico concreto.

El papel que le corresponde a la educación como agente de cambio en este sentido es de vital importancia para lograr una adecuada socialización de género, entendida como un complejo proceso cultural de incorporación o apropiación de formas de representarse, valorar y actuar en el mundo, en estrecha correspondencia con la identidad de asumirnos como hombres y mujeres, algo que entraña una valoración de sí mismos o autovaloración, formas específicas de ser, pensar y sentir asumidas desde las asignaciones sociales construidas por la sociedad.

Los estudios de género están desmontando la visión androcéntrica —por parcial, incompleta e injusta— que ha dominado todas las disciplinas humanas, incluyendo la lingüística.

Si el lenguaje es una de las máximas expresiones del pensamiento humano, los conceptos que utilizamos normalmente sirven para describir, encuadrar y comprender la realidad y, también, afectan a cómo percibimos esa realidad.

Así, en el lenguaje, la figura del masculino genérico no marcado, que abarca a todos los individuos de una especie sin distinción de sexos, con demasiada frecuencia se usa para ocultar o invisibilizar a la mitad de la población, sin que hasta el momento la RAE haya mostrado la misma diligencia por cambiar esta situación que ahora muestra por evitar el uso común del término género en esta nueva acepción.

Cuando utilizamos la expresión «sexo», nos estamos refiriendo a las diferencias biológicas entre las personas.

Cuando utilizamos la expresión «género» nos estamos refiriendo al conjunto de aptitudes, actitudes y conductas que una sociedad atribuye a cada sexo.

SEXO	GENERO
Lo determina la biología	Lo construye la sociedad, es cultural
Da lugar a hombres y mujeres	Identifica lo masculino y lo femenino

Es la cultura y no la biología lo que hace diferentes en la práctica social a hombres y mujeres.

4. Roles de género

El concepto de Roles de Género es esencial para poder entender algunos procesos que se interrelacionan en la vida cotidiana. Solo a través de la modificación de estos roles se podrán conseguir una sociedad más justa y equitativa.

La reformulación de los roles femeninos y masculinos va a permitir la igualdad de oportunidades.

Imagen de pch.vector en Freepik

Los roles de género son el conjunto de papeles y expectativas diferentes para mujeres y hombres que marcan la diferencia respecto a cómo ser, sentir y cómo actuar.

El rol es un papel social, un conjunto de funciones y tareas, que se asignan las personas.

Cada persona está sometida a un conjunto de pautas, interpreta una serie de roles profesionales, familiares, etc. Y, además, los roles propios del género al que pertenezca.

A cada género le corresponden una serie de roles, que empiezan a interiorizar en la infancia. El proceso de socialización lleva implícito el aprendizaje de los roles de género.

Tradicionalmente dentro de la misma familia se observa una división muy clara del trabajo basada en roles de género:

- Los hombres se ocupan del trabajo productivo, desempeñan el papel sustentador económico, se desenvuelven en el espacio público, a través de las relaciones sociales.
- Las mujeres asumen los roles de mujer-esposa, mujer-madre, mujer-amante, se ocupan del trabajo reproductivo. Desarrollan su vida en el ámbito doméstico y sus relaciones sociales son más limitadas.

4.1. Triple rol de la mujer

Tradicionalmente se ha identificado el papel de las mujeres del ámbito doméstico, desempeñando tareas reproductivas únicamente. En la actualidad, las investigaciones señalan que son tres los roles que deben asumir las mujeres en la mayor parte del mundo:

1. Trabajo reproductivo. Comprende las responsabilidades de la crianza y educación de los hijos, cuidando de los ancianos y las tareas domésticas. Este tipo de trabajo no está considerado como «trabajo», sino como algo natural a la condición de ser mujer, por lo que no se valora.
2. Trabajo productivo. Comprende el trabajo realizado por hombres y mujeres a cambio de dinero o productos, incluyendo tanto el trabajo realizado en sectores formales como informales, así como en empresas familiares, donde la remuneración en numerosas ocasiones no es transparente.

En el ámbito del sector formal, las mujeres suelen ocupar puestos de trabajo poco remunerados y de escasa cualificación, sufriendo toda una gama de discriminaciones en cuanto a salario, garantías sociales, laborales, etc.

De media, las españolas ganan alrededor de un 15 % menos que sus colegas masculinos por el mismo desempeño, en algunas comunidades autónomas, como en Andalucía, el porcentaje se eleva hasta el 31,28 % de diferencia salarial de media.

La brecha salarial se identifica rápidamente en la parte del sueldo que se refiere a los complementos, ya que estos van asociados a categorías profesionales, que es donde las trabajadoras españolas están peor pagadas. A medida que se escala en la jerarquía de la empresa, donde están las nóminas más sustanciosas, el porcentaje de mujeres se desploma.

3. Participación social. Comprende las actividades emprendidas por las mujeres en el ámbito de la comunidad. Suelen ser realizadas como un trabajo voluntario no remunerado durante el tiempo libre.

Los hombres también desempeñan tareas en la comunidad, pero suelen ser de carácter político y ocupan puestos de autoridad en la toma de decisiones, a menudo, remunerados.

5. Estereotipos de género

Los estereotipos son formas de ubicar a la gente bajo una lista de características de acuerdo con su raza, sexo, orientación sexual, procedencia, edad, etc. Por ejemplo, se dice que las personas jóvenes son alegres, enérgicas, pero que también son irresponsables e inexpertas.

Cuando estas características se le asignan a una persona joven solo por su edad, sin tener en cuenta sus características y realidades individuales, se trata de un estereotipo.

En la sociedad es muy común encontrar estereotipos para cada uno de los sexos, es decir, agrupar a la gente bajo un listado de características según sean hombres o mujeres. Estos son los llamados estereotipos de género.

Con el tiempo los estereotipos se naturalizan, es decir, se asumen como verdades absolutas respecto a cómo son los hombres y las mujeres. Con frecuencia se olvida cuestionar estos roles asignados y no se hace nada para cambiarlos.

Algunos estereotipos frecuentes:

Estereotipo masculino	Estereotipo femenino
Estabilidad emocional, autocontrol	Inestabilidad emocional, falta de control
Dinamismo	Pasividad
Agresividad	Ternura
Cualidades y aptitudes intelectuales	Poco desarrollo intelectual
Aspecto afectivo poco definido	Aspecto afectivo muy marcado
Racionalidad	Irracionalidad
Franqueza	Frivolidad
Valentía y amor al riesgo	Miedo y debilidad
Eficiencia	Incoherencia
Objetividad	Subjetividad
Espacio público y profesional	Espacio doméstico y familiar

Lo importante es recordar que estos estereotipos implican valoraciones negativas y positivas de las personas y, por lo tanto, permite que algunos grupos sociales gocen de privilegios a la hora de conseguir un trabajo, tener una relación de pareja, acceder al estudio, a los servicios médicos, etc.

Por ejemplo, un hombre blanco, adulto, de clase social alta, heterosexual, que viva en la ciudad puede llegar a tener más facilidades para encontrar un trabajo que una mujer joven, indígena, que viva en una zona rural, debido, entre otras cosas, a las características asignadas a cada una de las condiciones que acompañan a la persona.

5.1. Implicaciones de los estereotipos de género

Los estereotipos de género impiden el disfrute igualitario de los derechos y hacen que las políticas, programas y proyectos desarrollados en las comunidades lleguen de forma diferente a hombres y mujeres.

Así, por ejemplo, si se realiza una campaña de acceso a preservativos y no se hace una estrategia diferente para llegar a hombres y mujeres, con seguridad las mujeres no accederán a ellos, pues los estereotipos asignados a lo femenino indican que las mujeres son pasivas frente a su sexualidad y delegan en el hombre las decisiones sobre las relaciones sexuales.

La implicación más clara de la existencia de estereotipos de género es el sexismo, el cual declara lo masculino como superior, frente a lo femenino, creando relaciones de subordinación y discriminación entre los hombres y las mujeres.

6. Impulso femenino

Habría que atribuir al movimiento feminista el impulso esencial para que la desigualdad de género se convirtiera en una cuestión pública, unido a la influencia de los organismos internacionales y a la concepción generalizada de una necesaria intervención pública en los problemas sociales.

Imagen de rawpixel.com en Freepik

Así surge el feminismo institucional, que se generaliza a partir de las décadas de los años setenta y ochenta en la mayoría de los países occidentales y que puede definirse como el «establecimiento de instituciones cuyo principal cometido es impulsar la formulación y puesta en práctica de medidas para alcanzar un mayor grado de igualdad entre las mujeres y los hombres» (Valiente, 1994).

El caso español, aunque más tardío en su desarrollo debido a la dictadura franquista, ha experimentado un crecimiento muy rápido y es comparable con el resto de países occidentales.

Fue en 1983, con la creación del Instituto de la Mujer, cuando las políticas públicas de igualdad de género comenzaron a formar parte de las políticas de gobierno, y se puede considerar el año 1988 como el punto de partida del feminismo institucional a nivel autonómico.

En cada una de las comunidades autónomas existe una tendencia a seguir fortaleciendo el marco institucional de las políticas de igualdad, tanto en el tipo de organismo como en la posición en el organigrama gubernamental.

Los planes de igualdad son el principal instrumento de las políticas de igualdad. Estos planes son un conjunto de objetivos y medidas aprobadas por el gobierno autonómico y que deben llevar a cabo los diferentes departamentos gubernamentales en un periodo concreto de tiempo (de dos a cinco años). Conseguir que todas las políticas públicas sean formuladas, ejecutadas y evaluadas con perspectiva de género es la meta.

La transversalidad o el mainstreaming es la estrategia para conseguir esta perspectiva de género. Este concepto, además, tiene que ver con la idea de «normalizar» la perspectiva de género en la formulación de todas las políticas públicas, a fin de integrarla en la «corriente principal».

Algunas características de los planes de igualdad que pueden ser consideradas como fortalezas potenciales son: la concienciación de los poderes públicos sobre el problema de la igualdad, el compromiso público, la globalidad, la visión estratégica, la coordinación interdepartamental, la participación, el seguimiento y la evaluación.

Como debilidades potenciales hay que mencionar: la dependencia de la estrategia de la persuasión hacia otras instancias, el mimetismo entre planes que puede tender hacia una falta de innovación, la participación en los planes de actores muy orientados hacia lo gubernamental y, por último, quedarse en el terreno simbólico.

Los planes de igualdad han evolucionado hacia una mayor especificidad, en cierto modo, por las necesidades de seguimiento y evaluación. Por otro lado, existe una tendencia a formular mayores compromisos explícitos de los poderes públicos y, en tercer lugar, tienden a una creciente influencia internacional.

Dadas las actuales disparidades, un tratamiento igualitario a hombres y mujeres no es suficiente como estrategia para alcanzar la igualdad de género. Un tratamiento igualitario en un contexto de desigualdad puede significar la perpetuación de las disparidades.

Lograr la igualdad de género requiere cambios en las prácticas institucionales y en las relaciones de los diferentes colectivos de la sociedad, porque a través de estas se refuerzan y mantienen las desigualdades. También necesita de un mayor protagonismo de las mujeres en el diseño de las sociedades.

7. La paridad

Para referirnos a la paridad, es preciso definir bien este concepto para que sea comprendido claramente. Elena Simón, ofrece un apunte que podría ser acertado:

«Es un valor político de contrapeso de la igualdad, término al que la paridad se asimila en el diccionario. Pero es mejor realizar su explicación por analogía con el concepto matemático de equidiferencia, que se define 'como igualdad de dos razones por diferencia'. La paridad es un término que han introducido las mujeres en el lenguaje y en los foros políticos. Referida a la proporcionalidad representativa entre hombres y mujeres, se aplica como calificativo: 'Democracia paritaria', remite a los discutidos porcentajes y a las denostadas cuotas de presencia estadística de mujeres en sectores en que se hallen sub-representadas y propugna la discriminación positiva para conseguir espacios laborales o políticos en los que, siendo mujer, es difícil o casi imposible entrar por méritos propios, aunque estos sean relevantes, ya que los espacios económicos y de poder político se encuentran hiper ocupados por los varones [...].

La paridad tiene contenidos semánticos mucho más ricos como para reducirla a un simple tratamiento estadístico. La paridad se enriquece si aumentamos su referente, fijándonos en su lexema básico «par» que contiene elementos definitorios relacionados con «semejante, simétrico, mismo, conjunto de dos», [...]

Hay que ahondar en el sentido de la proporción, el paralelismo, el equilibrio, la correspondencia [...] y comprometernos ante todas las instancias». Estas palabras de Elena Simón en su libro «Democracia vital» Narcea Ediciones (1999) refleja la importancia del término y el compromiso que debe de existir en toda la sociedad.

Durante más de tres siglos las mujeres han luchado por hacerse un hueco en una sociedad que era dominada por los hombres y, aunque la situación ha mejorado de forma notable en los últimos años, aún no se puede mirar el presente con total satisfacción. A modo de ilustración, se encuentra el caso de los consejos de administración de las grandes empresas españolas, en los que la presencia de las mujeres no llega al 2 %, reflejo del déficit democrático que se da en todos los ámbitos de la sociedad.

En los últimos años se ha producido una incorporación masiva de las mujeres en la administración pública y la judicatura, pero aún no se han incorporado a los puestos de responsabilidad en el ámbito público y, por supuesto, mucho menos en el ámbito privado, donde todavía quedan muros que superar del viejo modelo patriarcal, que necesita sustituirse por otro modelo basado en la igualdad real.

8. Mujer y trabajo

Pese a las distintas medidas legislativas a favor de la igualdad de sueldos entre hombres y mujeres votadas en la mayoría de los países europeos, las desigualdades salariales entre los sexos persisten en todos los países.

No obstante, la amplitud de esta diferencia varía según el país y entre empleos obreros y no-obreros. La diferencia salarial en las mujeres obreras europeas es menos perceptible que la que existe en las mujeres que realizan empleos no-obreros, donde la diferencia es aún mayor, ya que las mujeres solo perciben las dos terceras partes del sueldo masculino.

En las últimas décadas del siglo XX, la ratio de los salarios entre hombres y mujeres mejoró ligeramente en la mayoría de los países europeos, pero hay que considerar que la debilidad relativa de los ingresos medios de las mujeres corre pareja a una sub-representación femenina entre los bajos salarios, ya que a las mujeres se les excluye de los salarios a tiempo completo, realizando trabajos a tiempo parcial o siendo trabajadoras de la economía sumergida.

La proporción de mujeres con bajos salarios entre el conjunto de la población activa va ligada estrechamente a los modos de regulación de los salarios en cada país. De ahí que las mujeres sean las primeras beneficiarias de las negociaciones colectivas en los países en los cuales existe una fuerte regulación de los salarios mínimos y una importante cobertura de los sectores de actividad más feminizados en los convenios colectivos. En ciertos países, los convenios colectivos están muy desarrollados en el sector industrial, pero no se aplican a otros sectores de actividad, como los servicios a particulares, que afectan a gran parte de la mano de obra femenina.

Imagen de pch.vector en Freepik

La proporción de mujeres con bajos salarios entre el conjunto de la población activa va ligada estrechamente a los modos de regulación de los salarios en cada país. De ahí que las mujeres sean las primeras beneficiarias de las negociaciones colectivas en los países en los cuales existe una fuerte regulación de los salarios mínimos y una importante cobertura de los sectores de actividad más feminizados en los convenios colectivos. En ciertos países, los convenios colectivos están muy desarrollados en el sector industrial, pero no se aplican a otros sectores de actividad, como los servicios a particulares, que afectan a gran parte de la mano de obra femenina.

Existe una relación estrecha entre las disparidades de salario y la segregación por sexo del mercado laboral en los países europeos. Hay una gran concentración de mujeres en algunos sectores de actividad y en ciertas profesiones, lo que acarrea una segregación horizontal del mercado laboral.

Es precisamente en los sectores más feminizados donde encontramos los niveles de remuneración más bajos. Asimismo, la segregación vertical del mercado laboral, es decir, la concentración de mujeres en los escalones inferiores de la jerarquía profesional, refuerza los efectos de la segregación horizontal y ejerce un efecto negativo sobre los salarios femeninos.

Tradicionalmente, la sociología del trabajo defendió su objeto principal de investigación exclusivamente en referencia a la producción económica de bienes y servicios, así solo se analizaban las actividades llamadas «profesionales». De ahí que el trabajo profesional de las mujeres fuera considerado como especifico o marginal, ya que no entraba dentro de la norma general que era la masculina, por lo tanto sufría un «sesgo androcéntrico».

Dicha tendencia, por considerar a las mujeres activas como un «caso especifico», sirvió durante mucho tiempo para acrecentar la invisibilidad social y conceptual del trabajo femenino en las investigaciones tradicionales.

Una de las primeras rupturas introducidas por las investigadoras feministas consistió en definir las actividades no remuneradas a las que las mujeres dedicaban gran parte de su tiempo en el marco «privado» de la esfera doméstica como una dimensión del trabajo necesario para la reproducción de la sociedad.

En efecto, tal como lo ha demostrado Christine Delphy (1970), en su mayoría, las actividades llamadas «domésticas» afectan bienes y servicios de manera directa, los cuales son susceptibles de ser objeto de un intercambio mercantil en el mercado laboral (guisar, lavar y planchar la ropa, cuidar de los niños, las tareas domésticas e incluso la producción agraria a pequeña escala).

Son actividades llevadas a cabo dentro de una relación social determinada, el matrimonio, sin ser objeto de ningún intercambio mercantil como actividades. Denominadas como «tareas domésticas» (concepto diferente al trabajo) se caracterizan por su gratuidad: no son remuneradas. Incluso se clasifica a quienes se dedican exclusivamente a dichas «tareas» como población «inactiva», al igual que los/as jubilados/as y los/as estudiantes.

Otras investigaciones permitieron identificar un reparto vertical del trabajo entre hombres y mujeres, incluso en los sectores o las ramas más feminizados, donde en su mayoría las mujeres ocupan puestos secundarios y recibían un salario menor en comparación con los hombres con el mismo nivel de cualificación. Las cualidades exigidas en el marco de la actividad profesional se basarían esencialmente en los logros de la socialización de las mujeres, como esposa y madre de familia. El estatuto profesional inferior de las mujeres era defendido por su nivel inferior de cualificación.

La marginación relativa de las mujeres en el mercado del trabajo asalariado y la inferioridad de sus sueldos no se pueden achacar a la «debilidad» de su sexo, ya sea física o intelectualmente, tal y como se expresa desde el enfoque del determinismo biológico, ni solo a sus «cargas familiares», identificadas como origen de la carencia de «disponibilidad» de las mujeres para la actividad profesional, enfoque de los papeles sexuales. Son los mecanismos económicos y sociales del mercado del empleo los que, al otorgarles un lugar prioritario en la familia crean las condiciones de segregación sexuada del trabajo profesional.

9. La segregación horizontal y vertical

Un análisis profundo de las realidades profesionales de las mujeres europeas también debe tener en cuenta el reparto diferenciado de hombres y mujeres en el mercado laboral, lo que llamamos «la segregación por sexo del trabajo». Como acabamos de ver, dicha segregación reviste dos formas distintas: la horizontal y la vertical.

La segregación horizontal remite a la concentración de las mujeres en algunos sectores de actividad.

De manera general, se trata de tener en cuenta el reparto de hombres y mujeres entre los tres grandes sectores de la actividad económica: el sector primario (agricultura, actividades mineras), el sector secundario (producción industrial y manufacturada) y el sector terciario (servicios).

Conforme evolucionan las sociedades industriales, vemos un aumento de la proporción de la población activa que se concentra en el sector terciario.

Este fenómeno se observa de forma más marcada en la población femenina activa. A lo largo de los años 1980 y 1990, la mayoría de los nuevos empleos creados en Europa fueron del sector terciario, mientras que la agricultura registraba pérdidas considerables y la producción manufacturada mantenía una estabilidad de las plantillas en los mejores de los casos.

Esta evolución corresponde al período histórico marcado por la «llegada masiva de las mujeres en el mercado laboral» en la mayoría de los países europeos, que lejos de sustituir a los hombres de los empleos que tradicionalmente ocupaban, se precipitaron hacia los nuevos empleos creados en aquel período.

La reestructuración sectorial del mercado laboral inicialmente depara oportunidades de cambio del esquema tradicional de la segregación profesional, pero dicha evolución no ha cambiado el reparto tradicional.

La segregación vertical concentra a las mujeres en ciertos niveles de la jerarquía profesional, independientemente del sector de actividad contemplado. Dicha dimensión de la segregación por sexos tiene que relacionarse con el acceso de las mujeres a la enseñanza superior y de manera más general a las formaciones que implican una cualificación.

Aunque existen diferencias según los países en cuanto al papel desempeñado por el nivel de cualificación formal en la obtención de los puestos más prestigiosos, esto no impide que «la palanca de las cualificaciones» haya sido determinante en la feminización de las profesiones llamadas «superiores». Así pues, en todos los países europeos, las mujeres consiguen títulos que les facilitan el acceso a los empleos ubicados en la parte alta de la escala de la jerarquía social y profesional.

Sin embargo, cuando gracias a sus diplomas las mujeres acceden a las categorías superiores, no necesariamente ejercen las mismas profesiones que los hombres y sus condiciones de trabajo tampoco son las mismas.

La enseñanza es un buen ejemplo del reparto diferenciado de hombres y mujeres en la misma categoría socioprofesional, aunque la proporción de mujeres docentes dentro de la categoría varía muchísimo de un país a otro.

Así pues, el 60 % de las mujeres clasificadas en dicha categoría en Portugal son docentes (y es en Portugal donde encontramos la tasa más elevada de feminización de la enseñanza) frente a menos del 20 % de las mujeres clasificadas en dicha categoría en Dinamarca.

Sin embargo, en el conjunto de los países europeos, la enseñanza representa una de las categorías de empleo más importantes para las mujeres con titulación. Salvo en los Países Bajos, la mayoría del profesorado europeo son mujeres.

No obstante, los hombres sí son mayoría en la enseñanza universitaria, considerada de mayor prestigio, mientras que las mujeres se concentran en la primaria y en una menor medida en la enseñanza secundaria.

Nos encontramos una vez más con la movilización y una transferencia de las «capacidades naturales» de las mujeres para la educación de los más pequeños en el mercado laboral. La idea cuadra también con los niveles de remuneración que ejercen una influencia determinante en la proporción de hombres en la enseñanza mientras que a las mujeres los bajos salarios parecen desalentarlas menos.

En algunos países, la reducción de las tasas de remuneración relativas a la enseñanza coincide con una feminización creciente de dichos empleos. Parece, por tanto, que los niveles de salarios inferiores hacen desistir a los hombres titulados de elegir dicha profesión.

Sin embargo, la atracción de dicha profesión para las mujeres no se puede explicar solo por su supuesta «compatibilidad» con las responsabilidades familiares y domésticas.

El tiempo de trabajo de los docentes varía ampliamente de un país a otro pero resulta que los hombres suelen ser más numerosos que las mujeres cuando la carga de trabajo es muy reducida. Por ejemplo, en los Países Bajos, tal y como comentábamos anteriormente, los docentes trabajan sobre todo a tiempo parcial y los hombres representan más del 60 % de dicha rama.

El acceso creciente de las mujeres a las profesiones superiores antes consideradas bastiones masculinos es un fenómeno recurrente en el conjunto de las sociedades europeas.

Podemos verlo también en el contexto de los empleos cualificados en el sector público. En efecto, la presencia de las mujeres en los escalones superiores de la jerarquía socioprofesional está directamente vinculada con la importancia de los empleos que se sitúan en la categoría de los servicios sociales, sanidad y educación y que en su mayoría son empleos del sector público o semi-público.

La concentración de mujeres de la categoría «ejecutivos y profesiones intelectuales superiores» en el sector público obedece a varias lógicas a veces contradictorias.

Por una parte, la existencia de oposiciones para acceder a la función pública en la mayoría de los países europeos, hace que el acceso a puestos de responsabilidad en el sector público dependa de criterios relativamente objetivos, como títulos o notas en las oposiciones, que da poca o menor cabida a la discriminación directa por razones de sexo que suelen sufrir las mujeres con empleadores potenciales en el sector privado.

Además, en algunos países de la Unión Europea, la aplicación de políticas públicas a favor de la igualdad de oportunidades fue garantizada sobre todo por el empleador-Estado.

También la organización y las condiciones de trabajo en dicho sector ofrecen cierto número de ventajas a las mujeres que quieren combinar vida laboral y familiar: jornada laboral y derecho a vacaciones más flexibles que en ciertos empleos del sector privado.

Finalmente, sondeos revelan una mayor sensibilidad de las mujeres ante el «servicio público», el «ser útil a la sociedad» y «la ayuda a los desfavorecidos» en el marco de su actividad profesional. Tales representaciones del empleo ideal se plasman mejor en el sector público que en el privado.

Sin embargo, es imprescindible recordar que los empleos del sector público comparten también características menos positivas. Si la competición directa es menor en este sector, también es porque los empleos en el sector público están peor remunerados que empleos equiparables del privado, por ello los hombres tienden a decantarse por los mejor remunerados.

Valga como ejemplo que en el Reino Unido y Alemania, el acceso de las mujeres a puestos de responsabilidad en el sector público coincidió con una merma de los niveles de salario. Asimismo, en Francia e Italia, las mujeres ejecutivas del sector público suelen estar más cualificadas que sus homólogos masculinos.

Además, datos referentes a Alemania, España y Francia demuestran que en el caso de algunas profesiones superiores muy masculinizadas (investigadores científicos, ingenieros, etc.) la proporción de mujeres es mucho mayor en el sector público que en el privado.

Todo apunta pues a que ellas no pueden o no quieren competir con los hombres en los términos y condiciones vigentes en el sector privado.

Por lo tanto, tal concentración de mujeres altamente cualificadas en el sector público resulta ser un arma de doble filo. Si bien es cierto que encuentran facilidades de contratación y promoción, lo hacen a costa de una menor traducción de sus capacidades profesionales e intelectuales en sus retribuciones monetarias.

El análisis de la situación de la pequeña minoría de mujeres «ejecutivas y profesiones superiores» no debería ocultar la realidad del mundo laboral de la gran mayoría de las mujeres activas en la Unión Europea, a saber las que ocupan empleos más bien en los escalones inferiores de la jerarquía socioprofesional.

Un análisis pormenorizado de los empleos ocupados por mujeres en la categoría de los servicios directos permite entender la complejidad de los mecanismos de reproducción de la segregación por sexos del empleo.

Dicho reparto no corresponde a una mera transferencia al mercado laboral de las capacidades domésticas inculcadas a las mujeres. El ejemplo de los empleos de cocinero es muy interesante en este sentido. Mientras que son pocos los hombres que invierten tiempo en la preparación y presentación de las comidas dentro del espacio doméstico, representan más del 40 % de los cocineros, camareros y personal asimilado en el mercado laboral europeo.

Aquí las tradiciones culturales desempeñan un papel importante en el reparto de hombres y mujeres entre las distintas actividades y estatutos de empleo.

Asimismo, Francia presenta una de las tasas más débiles de feminización de los empleos de cocineros, país donde la importancia cultural otorgada a la cocina y a la conservación de técnicas artesanales en el campo de la restauración ha permitido a los hombres conservar su monopolio sobre las actividades «nobles» de dicho sector, mientras que la cocina colectiva, desarrollada en comedores escolares y de empresas, corresponde mucho más a las mujeres.

Quizá encontremos otro ejemplo de la importancia de las representaciones colectivas de las normas sexuales en la construcción social de los «empleos femeninos» y «empleos masculinos» en el caso de los camareros.

En Irlanda y en el Reino Unido la proporción de mujeres que trabajan de camareras o de cocineras es similar, pero ellas representan solo el 20 % del personal en los bares irlandeses mientras que en el Reino Unido la cifra es del 70 %.

Esta breve comparación de las formas de segregación por sexos del empleo permite observar la importancia de las convergencias en el campo:

Los empleos femeninos se caracterizan por roles cuidadores, educativos o de apoyo mientras que los hombres tienen la exclusiva de las tareas más pesadas, aquellas manuales, técnicas y de responsabilidad. Globalmente, la presencia de las mujeres ha aumentando en los empleos de categorías ejecutivas y profesiones intelectuales superiores así como en los empleos administrativos. Las mujeres suficientemente cualificadas han accedido a profesiones superiores y los hombres ya no son tan mayoritarios en dichos empleos.

Es pues una tendencia positiva hacia la des-segregación, patente en todos los países miembros e independiente de las variaciones nacionales de las tasas de participación femenina. Ello no impide, sin embargo, que persistan disparidades nacionales y conviene subrayar los efectos perversos de la segregación por sexos del mercado laboral desde el punto de vista de las condiciones de trabajo de las mujeres.

La tendencia hacia una fuerte concentración femenina en algunos sectores de actividad y en algunos niveles de la jerarquía explica, por lo menos parcialmente, la importancia de las disparidades de sueldos entre hombres y mujeres.

Además, dificulta la aplicación de medidas a favor de la igualdad de remuneraciones entre hombres y mujeres, tanto a nivel nacional como a nivel europeo.

No obstante, la causalidad del vinculo observado entre una tasa de feminización alta y un nivel de remuneración bajo es difícil de captar con precisión.

10. El techo de cristal

Según algunos expertos, las mujeres no llegarían a ocupar o permanecer en cargos directivos porque no se pueden adaptar a la cultura empresarial dominante en los altos niveles. Un clima determinado aún por valores masculinos que según Raquel Bruno no permite mostrar de vez en cuando un lado vulnerable o con interés por el bienestar de los demás.

Podemos abordar el tema desde la influencia que los diferentes códigos culturales y estilos lingüísticos ejercen en el sistema de promoción profesional. El techo de cristal puede ser una cuestión de estilo.

Meta Krüger, que investiga el fenómeno, asegura que «tanto los hombres como las mujeres funcionan mal en culturas donde el otro sexo se encuentra representado en proporción dominante», y una vez más salen a relucir los patrones culturales de comportamiento aprendidos; algunos ejemplos fácilmente identificables:

- Las mujeres se disculpan incluso cuando no tienen la culpa. Son frases hechas tan interiorizadas por la costumbre que se repiten de forma casi automática, aunque no quieran decir «ha sido mi culpa» y solo impliquen que les disgusta lo que haya ocurrido.
- Las mujeres preguntan por interés, no por ignorancia o inseguridad.
- Cuentan sus problemas, pero no para pedir soluciones sino, simplemente, para descargarse.
- Hacen bromas sobre sí mismas pero no porque se sientan inferiores, sino para acentuar la igualdad con su interlocutor o para romper el hielo.

Sin embargo, los patrones de comportamiento aprendidos por la mayoría de los hombres, hace que todos los ejemplos anteriores sean mal comprendidos con demasiada frecuencia, ya que se toman como signos de inseguridad o de incompetencia. Puede ser lo que explique en parte, muchos problemas cotidianos con los que se encuentran las mujeres para avanzar en su carrera profesional.

Y es que, como recuerda la OIT en el estudio Breaking the glass ceiling: women in managment, el techo de cristal en el mundo empresarial simboliza «un muro transparente pero sólido, hecho de actitudes y prejuicios organizativos» que se mantiene, a pesar de que ha mejorado la participación de las mujeres en trabajos y puestos de dirección. Avanza pero muy lentamente.

Para profundizar más en el tema, podemos referirnos a tres planteamientos interesantes y no coincidentes sobre la existencia del techo de cristal:

- El primer planteamiento es el que ofrece Mabel Burin con una disertación sobre los factores socioculturales que operan como barreras externas e internas: las responsabilidades domésticas y de cuidado de los niños, la percepción que tienen de sí mismas muchas mujeres, los estereotipos sociales, etc.
- El segundo lo realizan Diana Furchtgott-Roth y Christine Stolba desde premisas neoliberales. El dilema feminista, cuando no basta el éxito: «hoy, las feministas persiguen políticas que entronizarían la igualdad de resultados a expensas de la igualdad de oportunidad. Donde antes las feministas demandaban y recibían el derecho a salario igual por trabajo igual con la Ley de Igualdad de Pago, ahora demandan que el gobierno establezca salarios que favorezcan las ocupaciones dominadas por las mujeres. Antes, las feministas desafiaban las restricciones discriminatorias en la educación de las mujeres y, hoy, hacen campaña por la «equidad genérica» (gender equity) en la educación, etc.»
- Y el tercero lo aporta María Fernanda Blanco en relación a los mass media: «normalmente no hay ninguna diferencia en la forma de ejercer el periodismo entre un hombre y una mujer porque ambos sexos se han formado en el seno de instituciones que principalmente están dirigidas por hombres. Es la estructura patriarcal quien dicta y homogeniza la manera en que se informa sobre la actualidad». La mujer en los medios de comunicación debe romper un techo de cristal para ascender.

Aunque la mujer está consiguiendo cargos de alta dirección, todavía alrededor de un 90 % de los puestos «número uno» están copados por hombres.

Algunos estudios llevados a cabo por las Naciones Unidas vienen a corroborar esta situación y señalan a España como uno de los países más atrasados en empleo femenino de alta dirección. Comprender las causas de esta situación exigiría un estudio exhaustivo donde se tuviera en cuenta la infinidad de factores que favorecen este modelo, analizando cuáles son los principales obstáculos que frenan el desarrollo personal y profesional de las mujeres, y que les impide ocupar los puestos altos de la jerarquía.

En profesiones, como la de periodismo, es, especialmente prioritario, intentar conseguir un equilibrio más equitativo entre géneros. Solo desde la igualdad se puede hablar de democracia en los medios o en sus mensajes.

No es un problema de feminismo radical, sino de derechos humanos y de libertad de expresión. Es innegable que la independencia y el pluralismo de las noticias estarán asegurados si todos los periodistas, hombres y mujeres, en base a su categoría profesional, tienen las mismas oportunidades de llegar a ser redactores jefe y responsables de los medios de comunicación.

En la jerga del colectivo de ejecutivas españolas se conoce como techo de cristal a la barrera casi infranqueable que tiene que romper la mujer para acceder desde los puestos intermedios de la empresa a las esferas de alta dirección (segregación vertical).

La tasa de ocupación femenina alcanza en nuestro país el 59 %, un porcentaje que es extraordinario comparado con el lugar que ocupan las españolas en la dirección general de las empresas, donde existe la llamada discriminación vertical: la posibilidad de que una mujer ocupe un puesto de dirección disminuye conforme aumenta el grado de responsabilidad.

La mujer está muy presente en los puestos intermedios, pero no sucede lo mismo en los cargos ejecutivos: es muy difícil cruzar el techo de cristal.

11. Ámbitos de desigualdad

Los avances registrados en la teoría no tienen su plena traducción en la realidad del mundo en desarrollo. El balance que se puede realizar de los cambios habidos a lo largo de las últimas cuatro décadas es ambiguo: pese a que se han realizado logros importantes en determinados ámbitos sociales, especialmente en los campos de la educación, la salud y la alimentación, persiste una pauta generalizada de desigualdad entre los géneros en el acceso a los recursos, en la tenencia de bienes, en los niveles de participación social y en los procesos de toma de decisiones.

Una desigualdad que se refleja en todos los países en desarrollo y, especialmente, en los más empobrecidos.

Entre 1970 y 1990, la esperanza de vida de la mujer en los países en desarrollo aumentó en nueve años, un 20 % más que el incremento alcanzado por los hombres pero, todavía, en algunas regiones, las mujeres sufren una mayor tasa de mortalidad como consecuencia de graves carencias nutricionales y de la escasa atención sanitaria que reciben.

A escala mundial, la esperanza de vida al nacer es de 65 años para las mujeres y de 62 para los hombres.

La utilización de anticonceptivos y la disminución de las tasas de fecundidad se han extendido en el mundo en desarrollo como resultado de algunas políticas deliberadas de planificación familiar; de este modo se han ampliado las opciones de vida para las mujeres al liberarse de la carga de embarazos frecuentes, no deseados, y de los riesgos del parto. No obstante, el embarazo y el parto son las principales causas de muerte en los países en desarrollo, muchas veces por la falta de atención de personal especializado.

La tasa de mortalidad materna de los países en desarrollo es más de 30 veces superior a la de los países desarrollados. En África Subsahariana mueren más de 600 mujeres por cada 100.000 nacimientos; 470 mujeres en Asia Meridional y 190 en América Latina.

Las mujeres adultas sufren más que los hombres de desnutrición: carencia de yodo, anemia por falta de hierro e hipotrofia nutricional. En ciertas regiones, las niñas son más vulnerables a la mortalidad precoz que los niños, lo que puede ser indicio de una discriminación de género en la provisión de servicios de salud y nutrición.

La alfabetización de mujeres adultas y la matriculación escolar de las niñas en la educación primaria y secundaria combinada se ha incrementado de forma perceptible, casi duplicándose. También se han mitigado las diferencias en la educación superior, pero persisten las desigualdades de género para el conjunto del planeta.

De los 900 millones de analfabetos, las dos terceras partes son mujeres y las niñas constituyen la mayoría de los 130 millones de niños que no tienen acceso a la educación primaria.

Pero los logros en materia de salud y educación no siempre se han traducido en mayores oportunidades económicas y políticas. La participación femenina en la población activa ha aumentado muy poco. Esta disparidad entre sexos es común a todos los países del mundo, pero se expresa con más crudeza en los Estados Árabes, en Asia meridional y en los países de América Latina.

Las mujeres ocupan mayoritariamente los empleos menos cualificados y los peor pagados. Y, con frecuencia, las mujeres reciben menor retribución que los hombres por efectuar el mismo trabajo: en los 55 países para los que se cuenta con datos comparables, el salario femenino es solo tres cuartas partes del salario masculino en el sector no agrícola.

El trabajo masculino se realiza básicamente en actividades remuneradas, mientras que el trabajo femenino se concentra en la agricultura de subsistencia o en el sector informal, principalmente en el sector doméstico, en el comercio en pequeña escala, en las microempresas y en actividades no remuneradas, y socialmente menos consideradas, en el hogar o en la comunidad.

Además, en casi todas las regiones, las mujeres tienen más dificultades para acceder a la tenencia de tierra y sufren considerables limitaciones y restricciones para conseguir crédito.

Los efectos de las políticas de ajuste de estructura, estabilización, liberalización y privatizaciones, han impuesto mayores cargas a las mujeres tanto en la provisión de ingreso en las familias como en la necesidad de cubrir con su trabajo la supresión de algunos servicios sociales.

Ciertos grupos de mujeres, como aquellas que son jefes de familia sin fuentes externas de ingreso, las viudas o las mujeres mayores son particularmente vulnerables a la pobreza.

En los últimos dos decenios, la cantidad de campesinas que viven en la pobreza absoluta aumentó un 50 %. De hecho, de los 1300 millones de pobres que hay en el mundo se estima que el 70 % son mujeres: es el fenómeno conocido como «feminización de la pobreza» que hace referencia al creciente impacto que este fenómeno tiene sobre las mujeres.

La representación parlamentaria de las mujeres continua siendo muy limitada. A pesar de que las mujeres constituyen la mitad del electorado, solo ocupan un 10 % de los escaños en los Parlamentos y un 6 % en los puestos en gabinetes nacionales, si bien, estos datos mejoran en las instituciones locales.

Todavía, en algunos países, la legislación discrimina a las mujeres en materia de administración de bienes, derecho a viajar o posibilidades de ganar un ingreso, debiendo solicitar permiso a sus maridos. Y, de otro lado, la violencia machista es un problema universal, que traspasa los límites de la cultura, la geografía, la raza, el grupo étnico, la clase y la religión.

En definitiva, las condiciones efectivas para una plena igualdad de oportunidades no están aseguradas en ningún lugar del mundo. Aún cuando en algunos países se están produciendo cambios en materia legislativa, existe una importante brecha entre la norma y la realidad social.

Por lo demás, la eficacia y rapidez con la que esas iniciativas legislativas se traducen en logros efectivos en materia de igualdad depende, fundamentalmente, de las iniciativas de cada gobierno para reorientar sus prioridades hacia el fin de la discriminación y hacia la creación de una sociedad más justa y equitativa.

En la actualidad hay que recordar aspectos como los ya mencionados anteriormente, y que se resumen a continuación: el desempleo femenino, superior al masculino; el mantenimiento de relevantes diferencias salariales en trabajos iguales; la mayor responsabilidad de la mujer en las tareas del hogar y las dificultades para conciliar la vida laboral y la familiar, siguen siendo un reflejo de la desigualdad de la mujer contemporánea.

12. Mujer y mercado de trabajo

La creciente incorporación de la mujer al mercado de trabajo no se ha visto acompañada suficientemente de medidas que favorezcan la consolidación de una nueva forma de cooperación y compromiso entre hombres y mujeres y que permitan un reparto equilibrado de responsabilidades entre ambos sexos en la vida profesional y privada. Con la aprobación de la Ley 3/2007 de 22 de marzo, para la igualdad efectiva de mujeres y hombres, cuyo objetivo era hacer efectivo el derecho de igualdad de trato y de oportunidades entre mujeres y hombres, en particular mediante la eliminación de la discriminación de la mujer, sea cual fuere su circunstancia o condición, en cualesquiera de los ámbitos de la vida y, singularmente, en las esferas política, civil, laboral, económica, social y cultural para el desarrollo de los **artículos 9.2** y **14 de la Constitución,** se esperaba alcanzar una sociedad más democrática, más justa y más solidaria.

Por todo ello, es necesario establecer formas que prevean, además de las garantías jurídicas del derecho a la igualdad, las nuevas relaciones sociales surgidas de la incorporación de la mujer al mercado de trabajo y promuevan la consolidación de una cultura profesional plenamente comprometida con la igualdad real de oportunidades de ambos sexos en el acceso al empleo privado o público y en la promoción profesional de la mujer en igualdad al hombre.

13. La igualdad formal

La Constitución consagra el principio de igualdad, pero las políticas de igualdad surgen en España a partir de 1983 cuando a nivel institucional se crea el Instituto de la Mujer, según Ley 16/1983 del 24 de octubre de 1983, que marcó el inicio de la política activa para la igualdad de oportunidades entre mujeres y hombres a nivel nacional.

En el desarrollo de las políticas de igualdad del Instituto de la Mujer nos encontramos que este ha elaborado y desarrollado varios Planes de Igualdad de Oportunidades que han posibilitado llevar a cabo reformas legales y programas de actuación encaminados a completar el principio constitucional de no discriminación por razón de sexo a nivel nacional.

Durante la aplicación del I Plan de Igualdad de Oportunidades Nacional (1988-1990) muchas Comunidades Autónomas constituyeron en sus Gobiernos organismos que impulsaron políticas específicas dirigidas a las mujeres elaborando programas para la igualdad adaptados a las condiciones y necesidades específicas de las mujeres en sus respectivas autonomías.

Los Planes de Acción para el Empleo de España, integrados en las Estrategias Europeas de Empleo, constituyen desde 1998, un instrumento en el diseño de las directrices de la política de empleo y de la política de igualdad de género.

Otras normas abundan en el cumplimiento del principio de igualdad: Ley 64/1997, de diciembre, por la que se regulan incentivos en materia de Seguridad Social y de carácter fiscal para el fomento de la contratación indefinida y la estabilidad en el empleo.

La Ley 39/1999, que establece por primera vez la posibilidad de que los trabajadores, hombres o mujeres, disfruten de una reducción de su jornada laboral para atender a un hijo o hija menor de seis años.

14. Marco jurídico-laboral

La evolución tanto de la situación sociolaboral de la mujer española como del ordenamiento español en materia de igualdad de trato es innegable, pero un análisis en profundidad de las normas producidas en las últimas décadas lleva a la conclusión de que la evolución experimentada es, sin duda, favorable pero también lenta e insuficiente e, incluso, a veces contradictoria.

La doctrina constitucionalista señala que la Constitución española pertenece al grupo de las denominadas modernas y sociales porque:

- Recoge el principio de igualdad en sus dos vertientes, la igualdad formal (Art.14) y la igualdad esencial (Art. 9.2) lo que ha permitido la entrada en nuestro ordenamiento del concepto de «acción positiva».

- Prohíbe expresamente la discriminación por razón de género (Art. 14 2.º inciso) y en el ámbito del empleo (Art. 35) declarando el derecho a no ser discriminado en las relaciones entre privados («no prevalecerá»).
- Obliga a los jueces y tribunales y en particular al Tribunal Constitucional a interpretar el significado y alcance de los derechos fundamentales, entre ellos el de igualdad y la prohibición de discriminación, de acuerdo con lo establecido en las normas y convenios internacionales sobre el mismo tema (Art. 10.2) y en particular con arreglo al Derecho Comunitario.

El Tribunal Constitucional (máximo intérprete de la Constitución) ha adoptado una postura activa en favor de la igualdad y la eliminación de la discriminación. Ha venido realizando sobre todo a partir de 1987 una interpretación extensiva del significado del principio de igualdad de trato y la prohibición de discriminación.

En ese año se inicia el camino hacia una interpretación conjunta del principio de igualdad formal establecido en el Art. 14 CE («todos son iguales ante la Ley») y el de igualdad esencial del Art. 9.2 CE (reconociendo implícitamente que esa igualdad en la realidad no existe, se impone a los poderes públicos la obligación de «promover las condiciones para que la libertad y la igualdad del individuo y de los grupos en que se integra sean reales y efectivas; remover los obstáculos que impidan o dificulten su plenitud y facilitar la participación de todos los ciudadanos en la vida política, económica, cultural y social»).

Sin embargo, el desarrollo normativo de la Constitución no ha demostrado un verdadero objetivo por parte de los poderes públicos de conseguir que el principio de igualdad entre hombres y mujeres sea una realidad.

En primer lugar, nuestro ordenamiento jurídico presenta numerosas lagunas normativas que se hace necesario colmar. Estas lagunas significan incumplimientos, al menos parciales, de nuestras obligaciones de transposición de normas comunitarias como pone de manifiesto el propio Consejo Económico y Social.

Por ejemplo, nuestro ordenamiento jurídico carece del concepto legal de «discriminación indirecta». Evidentemente no somos el único país de Europa que presenta esta laguna en su Ordenamiento Jurídico, le ocurre lo mismo a otros más.

La ausencia de un concepto legal tan complicado, novedoso y difícil de manejar, se ha mostrado lo suficientemente importante en la práctica para la tutela antidiscriminatoria, que desde 1988 se había intentado diseñar un concepto común para todos aquellos Estados que todavía carecen del mismo.

El concepto está recogido en el Art. 2.1.2b de la Directiva 2006/54/CE: «A efectos de la presente Directiva, se entenderá por 'discriminación indirecta' la situación en que una disposición, criterio o práctica, aparentemente neutros, sitúan a personas de un sexo determinado en desventaja particular respecto a personas de otro sexo, salvo que dicha disposición, criterio o práctica pueda justificarse objetivamente con una finalidad legítima y que los medios para alcanzar dicha finalidad sean adecuados y necesarios».

La segunda laguna de tipo general está constituida por la carencia tanto de un concepto legal como de una ley de «Acción positiva» que sirva de marco jurídico seguro para la adopción de medidas de este tipo.

Sería importante que se adoptase el concepto de Acción Positiva recogido en el Art.141.4 del Tratado CE, el recogido en sus sentencias por el Tribunal Constitucional o si se quiere seguir el precedente marcado por otros Estados Miembros de la Unión Europea como Italia o Francia.

El concepto contenido en el apartado 4 del Art. 141 del Tratado de Ámsterdam se señala:

«Con objeto de garantizar en la práctica la plena igualdad entre hombres y mujeres en la vida laboral, el principio de igualdad de trato no impedirá a ningún Estado miembro mantener o adoptar medidas que ofrezcan ventajas concretas destinadas a facilitar al sexo menos representado el ejercicio de actividades profesionales o a evitar o compensar desventajas en sus carreras profesionales».

También se hace cada vez más notable la insuficiencia del concepto de acoso sexual en el trabajo y la ausencia de conceptuación jurídica de un fenómeno tan importante y frecuente como demuestran los estudios realizados, como el acoso moral, respecto del que estos mismos informes ponen de manifiesto que, por una serie de razones, afecta a muchas más mujeres que hombres.

Ambos conceptos se encuentran recogidos en la Directiva 2006/54/CEE. En el Número 6 de la exposición de motivos y fundamentos de la Directiva se señala: «El acoso y el acoso sexual son contrarios al principio de igualdad de trato entre hombres y mujeres y constituyen discriminación por razón de sexo a efectos de la presente Directiva. Dichas formas de discriminación se producen no solo en el lugar de trabajo, sino también en el contexto del acceso al empleo, a la formación profesional y a la promoción. Por consiguiente, se deben prohibir estas formas de discriminación y deben estar sujetas a sanciones efectivas, proporcionadas y disuasorias».

Define el acoso moral por razón de sexo como «la situación en que se produce un comportamiento no deseado, relacionado con el sexo de una persona, con el propósito o el efecto de atentar contra la dignidad de la persona y de crear un entorno intimidatorio, hostil, degradante, humillante u ofensivo».

En el mismo precepto, pero en su párrafo cuarto, se señala que constituye acoso sexual en el trabajo «…aquella situación en que se produce cualquier comportamiento verbal, no verbal o físico no deseado, de índole sexual, con el propósito o el efecto de atentar contra la dignidad de una persona, en particular cuando se crea un entorno intimidatorio, hostil, degradante, humillante u ofensivo».

Añade que «el rechazo de tal comportamiento por parte de una persona o su sumisión al mismo no podrá utilizarse para tomar una decisión que le afecte».

Finalmente, se establece «el acoso y el acoso sexual en el sentido de la presente Directiva se considerarán discriminación por razón de sexo y por tanto se prohibirán».

Como primera provisión, todos estos conceptos deberían ser introducidos en nuestro ordenamiento jurídico si se pretende realmente que el derecho se convierta en un instrumento de tutela antidiscriminatoria.

De otro lado, constituye un hecho que las normas laborales de todo rango, incluidas las convencionales, los convenios colectivos, debido a la permanencia más intensa en comparación con otros países europeos de la tradicional asignación de roles sociales, y a la baja tasa de actividad laboral femenina española en general, las normas laborales y de Seguridad Social en España se han adoptado teniendo presente un modelo de destinatario: un trabajador de sexo masculino, español, de 18 a 50 años, con una formación aceptable, con contrato estable y con absoluta disponibilidad para trabajar, es decir, sin responsabilidades familiares de ningún tipo.

Es necesario señalar que este destinatario tipo cada vez es menos frecuente: la existencia en el mercado de trabajo de colectivos diferentes como jóvenes, inmigrantes, personas con formación inadecuada, con contratos precarios y, por lo que aquí interesa, la cada vez más intensa e imparable integración de la mujer en el mercado de trabajo, debe hacer recapacitar y modificar posturas al legislador y a los interlocutores sociales si se pretende que las normas laborales puedan ser aplicadas a una realidad cambiante.

Parece claro que la causa última de la situación de discriminación de la mujer en el mundo laboral no es el sexo sino el género, es decir, la asunción de las funciones reproductivas y de cuidado en exclusiva por las mujeres.

Muy pocos empresarios, sobre todo si quieren parecer modernos y políticamente correctos, sostendrían una negativa a la contratación de mujeres por causas relacionadas con su inferior capacidad o preparación, sobre todo en una economía de servicios como la española actual y con unos niveles de preparación profesional de las mujeres como los que demuestran las estadísticas.

Según ellos mismos manifiestan, es la escasez de mano de obra femenina y su menor disponibilidad la que justifica unos niveles de desempleo femeninos que doblan los masculinos; el hecho de que sobre las mujeres recaiga ya no solo la responsabilidad de reproducir y cuidar a los niños, sino la de cuidar a los ancianos, enfermos y minusválidos.

El hecho de que el nivel de natalidad haya descendido de forma importante no influye demasiado, porque como se ha dicho, las mujeres han dejado de ser «madonnas» para convertirse en «pietás»: es decir, muchas de ellas no tendrán que cuidar niños porque no los tienen, pero en todo caso tendrán que cuidar ancianos o enfermos.

Los empleadores son conscientes de los escasos efectos que hasta el momento han tenido las medidas que facilitan o tienden a sensibilizar a los hombres para que compartan las responsabilidades familiares; también son conscientes de la insuficiencia crónica de los servicios sociales de cuidado para sustituir o ayudar a las mujeres a desempeñar las responsabilidades asignadas, insuficiencia que ponen de manifiesto los informes realizados a nivel comunitario y que han sido resaltados por el Consejo Económico Social.

Algunos economistas han dejado claro que una parte muy significativa de los costes del Estado español de bienestar los están pagando las mujeres.

Solo la conciencia de que también los hombres van a asumir su parte de responsabilidades de cuidado, unido a un incremento suficiente de la inversión en servicios de cuidado, cambiaría la percepción empresarial. Y es precisamente este tipo de medidas el que brilla por su ausencia en las políticas de igualdad que hasta el momento han adoptado los poderes públicos.

Por lo que se refiere a programas y planes de acción positiva, todos los informes y estudios realizados ponen de manifiesto que la carencia más importante en todos ellos es el escaso interés en garantizar la suficiencia de los servicios del Estado de bienestar y, en concreto, de los servicios de cuidado de personas dependientes que permitan el acceso al empleo de las mujeres y el incremento de su tasa de actividad.

Sería necesario incrementar la inversión pública en servicios de cuidado y del estado de bienestar y no se está haciendo, por el contrario, el objetivo presupuestario básico en los últimos años ha sido conseguir el déficit cero.

RESUMEN

- El fin de la socialización es la adaptación del individuo a las exigencias de la comunidad.
- El control social informal comprende la presión no oficial y sutil para obligar a conformarse con las normas y valores.
- El control social formal comprende las presiones directas y oficiales para conformarse con las normas y valores sociales.
- El proceso de socialización es diferente según el sexo al que pertenecemos, puesto que los diversos agentes de socialización se encargan de crear una identidad de género, de fomentar determinadas y diferentes formas de pensar, sentir y actuar entre los sexos.
- Las creencias estereotipadas sobre los rasgos de personalidad de hombres y mujeres pueden contribuir a definir qué actividades se consideran apropiadas para unos y otras desde temprana edad, asignándose de manera diferenciada para niños y niñas.
- El género no es equivalente al sexo: el primero se refiere a una categoría sociológica y el segundo a una categoría biológica.
- Cuando utilizamos la expresión «sexo», nos estamos refiriendo a las diferencias biológicas entre las personas.
- Cuando utilizamos la expresión «género» nos estamos refiriendo al conjunto de aptitudes, actitudes y conductas que una sociedad atribuye a cada sexo.
- Los roles de género son el conjunto de papeles y expectativas diferentes para mujeres y hombres que marcan la diferencia respecto a cómo ser, sentir y cómo actuar.
- Los estereotipos son formas de ubicar a la gente bajo una lista de características de acuerdo con su raza, sexo, orientación sexual, procedencia, edad, etc. En la sociedad es muy común encontrar estereotipos para cada uno de los sexos, es decir, agrupar a la gente bajo un listado de características según sean hombres o mujeres. Estos estereotipos son conocidos como estereotipos de género.

- Habría que atribuir al movimiento feminista el impulso esencial para que la desigualdad de género se convirtiera en una cuestión pública.
- En 1983 se creó el Instituto de la Mujer y las políticas públicas de igualdad de género comienzan a formar parte de las políticas de gobierno.
- Los planes de igualdad son el principal instrumento de las políticas de igualdad y son un conjunto de objetivos y medidas tomadas y aprobadas por un gobierno y que deben llevar a cabo los diferentes departamentos gubernamentales, en un periodo concreto de tiempo (de dos a cinco años).
- El mainstreaming o transversalidad es la estrategia para conseguir la perspectiva de género integralmente. Este concepto, además, tiene que ver con la idea de «normalizar» la perspectiva de género en la formulación de todas las políticas públicas, con la idea de integrar la perspectiva de género en la «corriente principal».
- Con el mainstreaming de género, como práctica, se pretende la mejora de la efectividad de las políticas principales, mostrando la naturaleza de género en lo que se adopta, en los procesos y en los resultados.
- Se conoce como «techo de cristal» a la barrera casi infranqueable que tiene que romper la mujer para acceder desde los puestos intermedios de la empresa a las esferas de alta dirección (segregación vertical).
- Estudios llevados a cabo por las Naciones Unidas corroboran esta situación y señalan a España como uno de los países más atrasados en empleo femenino de alta dirección.
- La paridad es un término que han introducido las mujeres en el lenguaje y en los foros políticos, referida a la proporcionalidad representativa entre hombres y mujeres.

Autoevaluación

1. Cuando utilizamos la expresión «género» nos estamos refiriendo a:

   A. A las diferencias biológicas entre las personas.

   B. Al conjunto de aptitudes, actitudes y conductas que una sociedad atribuye a cada sexo.

   C. Ambas respuestas son correctas.

2. Los roles de género son:

   A. El conjunto de papeles y expectativas diferentes para mujeres y hombres que marcan la diferencia respecto a cómo ser, sentir y actuar.

   B. La forma de agrupar a la gente bajo un listado de características según sean hombres o mujeres.

   C. Ninguna respuesta es correcta.

3. Los estereotipos son formas de ubicar a la gente bajo una lista de características de acuerdo con:

   A. Raza, sexo, orientación sexual, procedencia o edad.

   B. Además los estereotipos implican valoraciones negativas y positivas de las personas.

   C. Las respuestas A y B son correctas.

4. Los dos tipos más conocidos de segregación de la mujer en el puesto de trabajo son:

   A. Segregación de Base y Segregación Formal.

   B. Segregación Horizontal y Segregación Vertical.

   C. Segregación de Género y Segregación Segmentada.

5. El mainstreaming es:

   A. La estrategia para conseguir la perspectiva de género.

   B. Además de la idea de transversalidad tiene que ver con la idea de normalizar la perspectiva de género en la formulación de todas las políticas públicas, con la idea de integrar dicha perspectiva de género en la corriente principal.

   C. Las dos respuestas anteriores son correctas.

6. La segregación horizontal:

- **A.** Remite a la concentración de las mujeres en algunos sectores de actividad.
- **B.** Remite a la concentración de las mujeres en ciertos niveles de la jerarquía profesional, independientemente del sector de actividad contemplado.
- **C.** Remite a la pirámide poblacional.

UNIDAD

1.2. Identificación y análisis de situaciones susceptibles de causar desigualdad entre mujeres y hombres en el ámbito laboral

Contenido de la Unidad

- El principio de igualdad y la tutela contra la discriminación
- Desigualdades entre hombres y mujeres
- La contribución de hombres y mujeres al trabajo
- Participación de mujeres y hombres en el mercado laboral
- La igualdad de oportunidades mejora el empleo
- Compartir el tiempo
- Igualdad en educación y formación
- Participación social y política
- La desigualdad como causa de la violencia de género
- El acoso sexual en el trabajo
- La lucha contra la violencia de género
- Resumen
- Autoevaluación

1. EL PRINCIPIO DE IGUALDAD Y LA TUTELA CONTRA LA DISCRIMINACIÓN

La Ley 3/2007 dedica el primero de los títulos a la regulación de este principio. Aborda el tema desde el artículo 1 hasta el artículo 13.

En primer lugar se define lo que debemos entender por el principio de igualdad de trato entre hombres y mujeres.

Este principio supone la ausencia de toda discriminación, directa o indirecta, por razón de sexo y, especialmente, las derivadas de la maternidad, la asunción de obligaciones familiares y el estado civil.

Designed by Freepik

El principio de igualdad de trato y el principio de igualdad de oportunidades entre mujeres y hombres son aplicables al ámbito del empleo tanto público como privado.

Ambos principios se garantizarán en:

- ⇨ El acceso al empleo.
- ⇨ El empleo por cuenta propia.
- ⇨ La formación profesional.

- ⇨ La promoción profesional.
- ⇨ Las condiciones de trabajo.
- ⇨ La afiliación y participación en las organizaciones sindicales y empresariales.
- ⇨ La inclusión en cualquier organización cuyos miembros ejerzan una profesión concreta.

En los casos en los que una diferencia en una característica relacionada con el sexo constituya un requisito profesional esencial y determinante para el acceso a dicho empleo, esta circunstancia no podrá considerarse discriminación.

Continúa la Ley definiendo lo que debemos entender por discriminación, así como sus clases, tanto directa como indirecta:

- ♦ Discriminación: toda orden de discriminar, directa o indirectamente, por razón de sexo.

La discriminación sexual en el empleo se presenta en formas de segregación laboral, que puede ser horizontal en los trabajos propios de mujeres, o vertical representado por el escaso número de mujeres en posiciones de mando o responsabilidad.

Esta discriminación se manifiesta en el acceso al empleo, en la baja posibilidad de alcanzar cargos de alto nivel o responsabilidad, en las deficientes remuneraciones e, inclusive, en los casos de acoso sexual.

- ♦ Discriminación directa por razón de sexo: es la situación en que se encuentra la persona que haya sido o pudiera ser tratada de manera menos favorable que otra en situación comparable, por razón de su sexo.

En las discriminaciones directas, el demandante debe probar que es víctima de la acción intencionalmente discriminatoria del empresario.

La noción de discriminación directa es bilateral, en el sentido de que son discriminatorias las diferencias de trato por razón del sexo que afecten tanto a mujeres como a los hombres.

En la discriminación directa, el elemento comparativo entre hombre y mujer comprende el trato diferente dado a una persona en relación con el dado a otra de distinto sexo, así como el que hubiera recibido esa persona de haber sido otro su sexo.

Es fácilmente identificable puesto que queda manifiesta la causa tanto para la persona que la recibe, como para quien la ejerce.

Un ejemplo de discriminación directa puede ser un anuncio de trabajo en el que se indique «Absténganse mujeres», o una firma de ropa que publique una oferta de trabajo en la que solicita mujeres para el puesto de dependientas y hombres para el de encargado de tienda.

- Discriminación indirecta por razón de sexo: es la situación en la que una disposición, criterio o práctica aparentemente neutros pone a personas de un sexo en desventaja particular respecto de las personas del otro; se exceptúan los casos en que dicha disposición, criterio o práctica puedan justificarse por una finalidad legítima y que los medios para alcanzar dicha finalidad sean necesarios y adecuados.

Como muestra de este tipo de discriminación podemos encontrar la contratación o no de determinadas personas que responden o no a un criterio o a un destino específico. Un ejemplo puede ser exigir un requisito que implique desigualdad para acceder a un puesto de trabajo, como el requerimiento de medir 1,75 m, una estatura elevada para la mayoría de la población mujer que tiene una media de 1,61 m. Encontramos, por tanto, una discriminación indirecta al colectivo de mujeres a favor de los hombres, ya que estos tienen una media de 1,76 metros.

La LOI califica como discriminación por razón de sexo cualquier trato adverso o efecto negativo que se produzca contra una persona como consecuencia de la presentación, por parte de esta, de queja, reclamación, denuncia, demanda o recurso, destinados a impedir su discriminación y exigir el cumplimiento efectivo del principio de igualdad de trato entre hombres y mujeres.

Los actos y negocios jurídicos que constituyan o causen discriminación por razón de sexo tendrán como consecuencia jurídica la consideración de nulos y sin efecto; además, darán lugar a las responsabilidades de sus autores, a través de un sistema de reparaciones o indemnizaciones reales, efectivas y proporcionales al perjuicio sufrido.

Se prevé el establecimiento de un sistema eficaz de sanciones y disuasorio a fin de prevenir la realización de estas conductas discriminatorias.

Al objeto de hacer efectivo el principio constitucional de igualdad, se obliga a los Poderes Públicos a la adopción de medidas específicas a favor de las mujeres, tendentes a corregir situaciones patentes de desigualdad de hecho respecto de los hombres.

Estas medidas se aplicarán en tanto subsistan las situaciones que las generen. En todo caso habrán de ser razonables y proporcionales al objeto perseguido en cada caso.

Como límite de las mismas se establece la imposibilidad de que dichas medidas conlleven la segregación de las mujeres respecto de los hombres mediante el mantenimiento de regímenes jurídicos separados según sexo.

Dispone la LOI que cualquier persona podrá recabar de los tribunales la tutela del derecho a la igualdad entre mujeres y hombres, de acuerdo con lo establecido en el artículo 53.2 de la Constitución. Y este artículo, se manifiesta como sigue:

Cualquier ciudadano podrá recabar la tutela de las libertades y derechos reconocidos en el artículo 14 y la Sección primera del Capítulo segundo ante los Tribunales ordinarios de preferencia y sumariedad y, en su caso, a través del recurso de amparo ante el Tribunal Constitucional. Este último recurso será aplicable a la objeción de conciencia reconocida en el artículo 30.

La legitimación y capacidad para la defensa de este derecho corresponde a las personas físicas y jurídicas que tengan interés en el resultado del pleito (civil, social, contencioso-administrativo, que verse sobre la defensa del derecho de igualdad), y que estén determinadas por las Leyes reguladoras de cada uno de los procesos.

Es decir, se legitima para la defensa del derecho a la igualdad de trato entre hombres y mujeres, siempre que gocen de autorización del afectado, a los sindicados y a las asociaciones legalmente constituidas cuyo fin primordial sea la defensa de dicha igualdad, respecto de sus afiliados y asociados.

En los procesos sobre acoso sexual la víctima será la única persona legitimada.

2. Desigualdades entre hombres y mujeres

Durante los últimos cincuenta años se han dado mejoras considerables con el objetivo de reducir las disparidades existentes entre hombres y mujeres, así como entre los niños y las niñas en áreas sociales claves como la salud y la educación.

Parte de la labor se ha centrado fundamentalmente en el empoderamiento de mujeres y niñas, teniendo en cuenta la situación existente y considerando los efectos que pueden resultar al eliminar las desigualdades y discriminaciones por razón de sexo. Estas desigualdades y disparidades de género en áreas educativas, políticas, económicas y sociales afectan negativamente a las personas y a sus comunidades. De hecho, la desigualdad de género es un factor que obstaculiza el desarrollo humano, por ejemplo, los países con altos niveles de desigualdad entre mujeres y hombres se caracterizan también por tener bajos niveles de desarrollo humano. Y al contrario, cuanto más elevado es el nivel de igualdad de género en una sociedad, mayor es el PIB per cápita y los índices del desarrollo.

Para evaluar los niveles de igualdad de género en una sociedad es importante considerar varias áreas: la participación política, la educación, la participación en la fuerza de trabajo y la existencia de marcos legislativos focalizados en cuestiones relacionadas con la equidad de género. Sería importante poder considerar también otras esferas, en concreto la salud, pero tenemos datos limitados en esas otras áreas.

Las áreas corresponden a esferas claves en las que el logro de la igualdad de género ha obtenido resultados y oportunidades, teniendo repercusiones positivas en una variedad de procesos de desarrollo y que revisten importancia decisiva tanto para el respeto de los derechos humanos, incluidos los derechos culturales, como para la construcción de sociedades abiertas e integradoras.

- Participación de la mujer en la vida política, ya sea mediante el voto, en la intervención en los procesos para adoptar decisiones o en el desempeño de cargos públicos. Se han obtenido resultados significativos que afectan a toda la comunidad. Por ejemplo, hay estudios de casos e investigaciones que indican que cuando aumenta la participación de la mujer en los procesos para adoptar decisiones se ha producido un incremento del gasto público en actividades relacionadas con el medio ambiente (como agua salubre) y la salud (la nutrición o salud de los adolescentes) mejorando la gobernanza. Por ello, en distintos instrumentos jurídicos y recomendaciones internacionales como la CEDAW, la Plataforma de Acción de Beijing y resoluciones de la Asamblea General de las Naciones Unidas, se fomenta activamente la participación de la mujer en la vida política, especialmente a la hora de adoptar medidas normativas.

- La educación es un instrumento de empoderamiento que capacita a las personas, dotándolas de conocimientos teóricos y prácticos que ayudan a las mujeres y a los hombres a realizar elecciones sobre su vida profesional y privada con la información suficiente. Se ha comprobado que el tiempo que las niñas dedican a la educación tiene relación directa con sus perspectivas de salud, por ejemplo, menor incidencia de los matrimonios precoces, de la mortalidad materna y con la educación y las perspectivas de salud de sus hijos. También se observa relación estrecha entre el tiempo dedicado a la educación y el empoderamiento social y económico de las mujeres y de sus comunidades. La educación de las niñas es más rentable que cualquier otra inversión en el mundo en desarrollo.

- La participación en la fuerza de trabajo es clave para el empoderamiento social y económico de las personas y de sus comunidades ya que les ofrece opciones, recursos y una mayor autonomía para realizar la vida que desean. Sin embargo, aunque existe un incremento de la participación de las mujeres durante las tres últimas décadas, las disparidades de género siguen siendo considerables. Las mujeres representan más del 40 % de la población activa, pero siguen experimentando barreras invisibles en cuanto a los ingresos y salarios y en el acceso a puestos directivos, siendo muy representadas en los sectores económicos de baja productividad y/o en la economía informal.

- La legislación y otras medidas legales en materia de equidad de género, indican si el Estado ha reconocido la existencia de desigualdades que necesiten que se adopten medidas diferenciadas en función del sexo para garantizar la igualdad y el respeto de los derechos humanos. Normalmente, esas medidas se incluyen en el concepto de «equidad de genero». Las violaciones, el acoso sexual y la violencia en el hogar son problemas que, estadísticamente, afectan en mayor proporción a las mujeres y, por ello, requieren medidas legislativas y programas especiales que puedan proteger sus derechos humanos, su dignidad y su integridad física. El establecimiento de sistemas de cupos es también una medida legislativa temporal destinada a allanar y equilibrar el terreno de juego en la esfera política y luchar contra los estereotipos negativos y los tabúes sociales que bloquean una participación igualitaria en la vida política del país. El derecho a participar en la vida política del país está protegido por la Declaración Universal de Derechos Humanos, en su artículo 21, en la Convención sobre la eliminación de todas las formas de discriminación contra la mujer (CEDAW) y en la Plataforma de Acción de Beijing donde se recomienda el establecimiento de sistemas de cupos y otras medidas temporales similares en favor de la mujer.

El objetivo cuando se elaboran y aplican acciones focalizadas, incluyendo las políticas, las medidas y cualquier tipo de inversión es aumentar el compromiso público con respecto a la igualdad de género para poder reducir y eliminar las disparidades y desigualdades.

3. La contribución de hombres y mujeres al trabajo

Las mujeres han trabajado siempre y su actividad a lo largo de la historia ha resultado fundamental para el desarrollo de los pueblos y las familias. Sin embargo, su aportación, ha permanecido oculta e invisible para la sociedad, escuchando en numerosas ocasiones que las mujeres son «amas de casa» y no trabajan.

En las distintas épocas y sociedades ha existido una división del trabajo en función del sexo, que responde a fenómenos sociales y culturales. Esta distribución del trabajo entre hombres y mujeres se llama división sexual del trabajo y consiste en la diferenciación que se realiza sobre las actividades «que deben realizar las mujeres» y las que «deben realizar los hombres», adjudicando distintos espacios en función del sexo, correspondiendo fundamentalmente a las mujeres desarrollar su actividad en el ámbito domestico considerado como reproductivo y a los hombres en el ámbito público considerado como productivo.

El ámbito reproductivo o domestico, es en el que se encuadran todas las tareas relacionadas con la organización y atención a la familia y aquellas derivadas del cuidado del hogar como lavar, planchar, cocinar, cuidar a los hijos e hijas, cuidar a las personas mayores, etc. Implica actividades no mercantiles y, por ello, permanece en segundo plano ya que no se realizan a cambio de dinero.

El trabajo del ámbito productivo o público, incluye las tareas relacionadas con la vida económica, política y social; un espacio ocupado y adjudicado hasta hoy, mayoritariamente al sexo masculino. Implica actividades productivas de carácter mercantil y en las que se ejerce el poder, por ello, tienen un valor de cambio. Es un papel visible de la sociedad, se identifica con las profesiones como abogados, ingenieros, albañiles o ministros.

De esta forma se establece una separación muy definida entre el espacio domestico y el espacio público. Lo productivo esta masculinizado, genera riqueza, es visible socialmente, tiene reconocimiento social y proporciona autonomía personal. Por el contrario, el trabajo reproductivo esta feminizado, no genera riqueza, es invisible socialmente, no tiene reconocimiento social ni proporciona autonomía personal y se considera secundario.

En la actualidad, el trabajo se define como la suma de las aportaciones humanas que, junto a los recursos naturales, permite obtener los bienes y servicios que necesitan las personas para satisfacer sus necesidades.

Las tareas realizadas en el hogar no tienen consideración de trabajo a pesar de que cubren necesidades y de que quienes las realizan, fundamentalmente las mujeres, invierten muchas horas en su realización. Se calcula que el 75 % del trabajo desarrollado en el mundo no es remunerado y comprende tareas muy variadas como el trabajo domestico, el trabajo de atención y cuidado de personas, el trabajo voluntario, etc.

Esta distribución de roles entre mujeres y hombres se mantiene en la actualidad. La incorporación creciente de mujeres al mercado laboral no ha sido suficiente para que se produzca una incorporación de los hombres al trabajo domestico y de atención y cuidado a las personas dependientes, lo que está provocando un gran problema en la calidad de vida de las mujeres, que soportan una mayor carga de trabajo, si consideramos la suma del trabajo productivo y reproductivo.

Nos encontramos en un momento en el que las mujeres desean participar del espacio público y tener un empleo, entre otras cosas porque esto supone la independencia económica y personal, pero en cambio, esta situación lleva a muchas mujeres a soportar una doble o triple jornada, sumando al trabajo domestico el productivo y uniendo, además, el trabajo realizado por algunas mujeres relacionado con los servicios a la comunidad como: AMPAS, asociaciones, juntas vecinales...

En muchas ocasiones, cuando no se reparte el trabajo domestico, se obliga a las mujeres a elegir entre el trabajo remunerado y la familia, o se intenta hacer ambas cosas a la vez, para lo cual las mujeres:

- Buscan empleos a tiempo parcial para poder continuar haciéndose cargo de las responsabilidades familiares. Más de un 81 % de los contratos a tiempo parcial son de mujeres.
- Buscan colaboración y ayuda en familiares cercanos, generalmente la madre u otra mujer del entorno familiar, para que cuiden de sus hijos e hijas. Cerca del 40 % de las abuelas cuida de sus nietos a la salida del colegio.
- Prescinden de su propio tiempo libre y espacio para sí mismas por la sobrecarga de trabajo. Si se suma el trabajo domestico con el trabajo remunerado y el tiempo dedicado al estudio, las mujeres trabajan 94 minutos más que los hombres. En general, la jornada total de trabajo diario de las mujeres es un 15 % más larga que la de los hombres.
- Suelen estar menos motivadas en su promoción profesional ya que esto implica una dedicación mayor en detrimento de las obligaciones y cuidados familiares.

Un reparto equitativo de responsabilidades familiares y tareas domesticas, fomentaría la igualdad entre hombres y mujeres, facilitando similares oportunidades de participación social, política y/o laboral.

4. Participación de mujeres y hombres en el mercado laboral

Como consecuencia de la división sexual del trabajo y de la separación de los espacios productivos y reproductivos aparecen durante el siglo XX los conceptos de población activa e inactiva.

De esta manera, el mercado laboral ha considerado población activa a aquellas personas en edad de trabajar que están ocupadas, tienen un empleo, o están buscando un empleo activamente.

Por el contrario, la población inactiva comprendería a aquellas personas en edad de trabajar que no están ocupadas ni están buscando empleo.

Las fuentes estadísticas muestran el grado de desigualdad en la participación de las mujeres respecto a los hombres en el empleo. Analizando las cifras de la EPA (encuesta de población activa), que es la principal fuente de datos de empleo en España, podemos observar que aún estamos lejos de tener un equilibrio efectivo entre mujeres y hombres.

En España algo más del 64% de la población inactiva son mujeres frente al 36% de hombres. Por otro lado, el 46% de las mujeres en edad de trabajar son activas», es decir, están ocupadas o en disposición de trabajar, frente al 60 % de los hombres activos.

Las mujeres trabajadoras en el ámbito domestico, amas de casa, son consideradas inactivas a pesar del trabajo que desempeñan contribuyendo al bienestar familiar. El hecho de que las estadísticas no contabilicen el trabajo que se desarrolla en el ámbito domestico, es una prueba de la falta de valoración e invisibilidad al que se somete este tipo de trabajo realizado, mayoritariamente, por las mujeres.

Por otro lado, la población activa se divide en ocupada, la que tiene un empleo, y en paro, cuando no lo tiene pero lo está buscando. A pesar de que hoy en día, la cifra de paro de las mujeres es el doble que la de los hombres, la evolución de los datos de ocupación y paro son muy esperanzadores ya que, según estadísticas del Instituto de la Mujer, las mujeres en el mercado laboral aumenta de año en año y poco a poco se están reduciendo las diferencias.

No obstante, la desigualdad también está presente en las condiciones laborales a las que se enfrentan las mujeres ocupadas. Veamos a continuación algunas de las características del empleo de las mujeres:

- Menores salarios. Las mujeres de la Unión Europea ganan un 25 % menos de media que los hombres. Las mujeres españolas no se libran de la discriminación salarial, teniendo un salario medio anual un 29 % inferior al de los hombres.

- Empleo precario. La temporalidad es muy significativa entre las mujeres. Mas del 80 % de los contratos a tiempo parcial son ocupados por mujeres, como lo son solamente el 40 % de los contratos indefinidos. Además, el 99 % de las jornadas reducidas que se solicita por obligaciones familiares pertenecen a las mujeres.

- Subempleo. Es un problema que afecta gravemente a las mujeres, ya que participan más que los hombres en puestos de trabajo o sectores de inferior categoría a lo que les correspondería por estudios y experiencia profesional.

- Segregación horizontal. Las mujeres se concentran en el sector servicios y en ramas relacionadas con actividades consideradas tradicionalmente femeninas: educación, sanidad, servicios a la comunidad. Como consecuencia de esta segregación, las ocupaciones feminizadas están peor pagadas, produciéndose la discriminación salarial, están más saturadas por lo que tienen menos oportunidades de acceso al empleo y se reduce su abanico de elección profesional.

- Segregación vertical. Incluso en aquellos sectores en los que su presencia es mayoritaria, las mujeres tienen grandes dificultades para un desarrollo adecuado de la carrera profesional y son elegidas en limitadas ocasiones para puestos de responsabilidad.

5. La igualdad de oportunidades mejora el empleo

La igualdad de oportunidades entre mujeres y hombres aplicada al empleo trata de conseguir una participación equilibrada de hombres y mujeres en el ámbito laboral evitando el tratamiento discriminatorio por razón de sexo y haciendo efectivo el derecho fundamental de toda persona a ser tratada en igualdad de condiciones.

Este reparto equilibrado del empleo entre mujeres y hombres exige un cambio en todas las personas y en todas las estructuras sociales y económicas. Para lograrlo, los organismos públicos promueven medidas a través de las políticas de igualdad de oportunidades que garantizan la participación equilibrada de hombres y mujeres en la sociedad en general, y en el mercado de trabajo en particular.

Por otro lado, estas políticas de igualdad no solo contribuyen a hacer real un derecho fundamental de las personas sino que facilitan la mejora de la calidad y la organización por varios motivos:

- La igualdad de oportunidades aprovecha todo el potencial de trabajo de hombres y mujeres para el empleo. La participación de todos permite aprovechar mejor la capacidad de las personas, logrando que mujeres y hombres se expresen libremente, sin la existencia de estereotipos y roles que determinen su forma de comportarse. De esta forma, la igualdad de oportunidades permite identificar aptitudes y actitudes de las personas, independientemente de los roles y estereotipos adjudicados socialmente. Por ejemplo, cuando vemos mujeres conduciendo un autobús y hombres que son enfermeros.
- La igualdad de oportunidades mejora el funcionamiento de las empresas y de cualquier organización laboral. Una empresa que tiene una participación equilibrada de hombres y mujeres y que no discrimina por razón del sexo a las personas, tiene una serie de ventajas:
  - Cuenta con las personas por su experiencia y preparación y aprovecha todo el potencial y capacidades de la plantilla al completo.
  - Facilita que hombres y mujeres en plantilla puedan hacer compatibles sus responsabilidades familiares y profesionales, promoviendo el mejor rendimiento en el trabajo.
  - Asegura un buen clima laboral con una plantilla motivada y dispuesta para el esfuerzo a favor de la empresa.
  - Atrae a hombres y mujeres con alta cualificación y compromiso que

desean formar parte de una empresa que respeta los derechos de las personas y sus necesidades.

- ⇨ Satisface mejor a sus clientes, hombres y mujeres, porque mejora sus productos y servicios al tener en cuenta sus diversas necesidades.
- ⇨ Mejora la imagen como empresa comprometida socialmente atrayendo clientes e inversión.

Se puede decir que una empresa que integra la igualdad de oportunidades entre mujeres y hombres es una empresa eficaz y productiva que puede competir con ventajas en el mercado.

Todas las entidades, empresas y personas que conocen los beneficios de una participación equilibrada de mujeres y hombres en el mercado de trabajo, deben hacer todo lo posible para que la igualdad de oportunidades entre mujeres y hombres en el ámbito laboral sea un hecho real y respetado; no solo un derecho de mujeres y hombres sino una necesidad para el avance de nuestra economía y nuestra sociedad.

6. Compartir el tiempo

Aunque la estructura familiar está cambiando, aun se espera que la mujer disponga de todo su tiempo para atender al resto de la familia. La madre, independientemente de la edad, formación o profesión continua siendo la responsable principal de las tareas domesticas y del cuidado familiar.

Muchas mujeres se han incorporado al mercado laboral, pero la dedicación a la familia no ha cambiado para ellas, algo que genera el fenómeno de la «doble o triple jornada». Esta carga de obligaciones es la causa fundamental de la desigualdad en el uso del tiempo entre hombres y mujeres. Una de las consecuencias directas de la falta de tiempo de las mujeres es el descenso de su calidad de vida, que afecta directamente a su salud física y psíquica por el exceso de responsabilidad y presión.

Repartir las responsabilidades familiares supone compartir actividades de cuidado, educación y afecto entre las personas que componen la unidad familiar. Para equilibrar esta situación en la sociedad y potenciar la igualdad, se necesita distribuir justamente los tiempos de vida de hombres y mujeres.

Compartir las tareas domesticas y responsabilizarse del bienestar familiar supone un compromiso personal con el desarrollo del núcleo familiar en todos los ámbitos: económico, social, sanitario, educativo, afectivo, etc. Para lograr que todos los miembros de la unidad familiar se responsabilicen de las tareas, hay que repartir el tiempo de forma equitativa, y debe ser asumido por igual entre las personas que integran la familia, incluyendo las responsabilidades que se refieren a tareas domesticas como cocinar, recoger o comprar; y también otro tipo de responsabilidades familiares o reproductivas, tales como el cuidado y apoyo de personas dependientes, educación afectiva o resolución de conflictos generados en la convivencia.

Designed by macrovector / Freepik

7. Igualdad en educación y formación

Para lograr la igualdad entre los sexos en el ámbito educativo no es suficiente con lograr una proporción igual de niños y niñas en las clases. La plena igualdad implica que niños y niñas gocen de las mismas oportunidades para ir a la escuela, que su educación se lleve a cabo con métodos pedagógicos adaptados a sus necesidades y situaciones de partida y que esté libre de estereotipos permitiendo el desarrollo de las niñas y los niños como personas libres.

Para alcanzar este tipo de educación se supone que se debe recibir una orientación escolar sin cargas sexistas y asegurar una duración idéntica para ambos, así como la posibilidad de adquirir los mismos conocimientos y títulos académicos que, en un futuro, les permitan las mismas oportunidades de empleo e ingresos a igual titulación y experiencia.

La presencia de las mujeres en el ámbito educativo español ha ido cambiando a lo largo de la historia. Que las niñas estudien nos parece un hecho normal pero hasta hace poco era una situación extraordinaria.

Hasta 1871 en nuestro país las niñas no tenían derecho a una educación equivalente a la de los niños, que eran los únicos que podían desarrollar estudios medios y superiores. Después de la guerra civil se anula el derecho a la educación equivalente que se vuelve a recuperar con la Ley General de Educación de 1970. En este contexto de normas y costumbres tan complicado es curioso observar en las cifras estadísticas la rápida incorporación de las mujeres al sistema educativo, desde la educación primaria hasta los niveles superiores.

A pesar del espectacular avance, existen todavía diferencias importantes entre mujeres y hombres en su forma de participar en la educación y la formación, como, por ejemplo, a la hora de elegir las opciones formativas y las especialidades que, posteriormente, influirán en el desarrollo de la carrera profesional. Así, las mujeres tienen tendencia a elegir opciones de Humanidades y Ciencias Sociales frente a los hombres que suelen elegir estudios científico-técnicos.

La igualdad de oportunidades busca lograr una educación en la que niñas y niños reciban formación basada en principios de equidad entre los sexos. Esta formación abre el camino para el acceso igualitario al mercado de trabajo de mujeres y hombres pero, sobre todo, para el cambio cultural que se necesita en la construcción de una sociedad más justa y equitativa.

8. Participación social y política

Participar significa tomar parte en algo (acto, suceso…), tiene que ver con asumir responsabilidades personales con respecto a alguna situación concreta. Asumir responsabilidades es siempre una buena fórmula para poder cambiar las cosas, implicándonos personal y directamente en ellas.

Pero a pesar del incremento en la participación social y política, las mujeres no participan por igual en los órganos de poder y decisión de las diferentes instituciones y entidades, por ello, la mayoría de las democracias actuales carecen de una representación equilibrada entre mujeres y hombres.

Los individuos que ocupan los puestos de decisión en los ámbitos políticos, económicos y sociales, son los que determinan, en definitiva, el funcionamiento de la sociedad. Si la participación es equilibrada, los intereses y las necesidades se cubren por igual, sin embargo, si es al contrario, los intereses de una parte estarán más representados que los de la otra.

Durante los siglos XIX y XX las mujeres han reivindicado su participación en los diferentes ámbitos de la sociedad ya que, históricamente, han tenido grandes dificultades para ser consideradas ciudadanas de pleno derecho. Esta acción reivindicativa se manifestó en las manifestaciones emblemáticas que exigían el derecho al voto.

Este derecho se fue consiguiendo en los distintos países en momentos diferentes. En España se logró por primera vez en 1931, tras la aprobación del sufragio universal en las Cortes de la República. Pero fue a partir de la transición cuando las mujeres se fueron incorporando de una forma constante a la política, aumentando las afiliadas a los partidos políticos y a los sindicatos.

Actualmente, las mujeres se encuentran representadas en todos los ámbitos de participación política, sindical, económica o laboral. Sin embargo, aunque hay un número elevado de mujeres que ocupan puestos intermedios de responsabilidad, son pocas las que alcanzan puestos directivos.

El incremento de la participación de mujeres en la política va unido a un ascenso en la presencia de estas en los correspondientes órganos representativos y de gobierno. Además, en la Administración Pública, donde las pruebas de acceso son imparciales, se ha producido un fuerte incremento de la presencia de mujeres en altos cargos. Y resulta muy significativa la elevada participación de las mujeres en el ámbito asociativo.

9. La desigualdad como causa de la violencia de género

El 10 de diciembre de 1948, la Asamblea General de Naciones Unidas aprobó la Declaración Universal de los Derechos Humanos en la que se señala que «toda persona tiene todos los derechos y libertadas proclamados en esta Declaración, sin distinción alguna de raza, color, sexo, idioma, religión, opinión política o de cualquier otra índole, origen nacional o social, posición económica, nacimiento o cualquier otra condición».

1. Derecho a la vida.
2. Derecho a la libertad.
3. Derecho a la seguridad; a no ser víctima de amenazas, violencia o agresiones.
4. Derecho a igual protección ante la ley.
5. Derecho a protegerse contra toda discriminación.
6. Derecho a casarse y formar familia libremente.
7. Derecho a poseer y disponer de bienes.
8. Derecho a elegir libremente el trabajo.
9. Derecho a tener un horario razonable de trabajo.
10. Derecho a igual salario por igual trabajo.
11. Derecho a vacaciones periódicas pagadas.
12. Derecho a educación elemental y fundamental gratuita.
13. Derecho al pleno desarrollo de la personalidad humana.
14. Derecho a participar libremente en la vida pública.

A pesar de que estos derechos fundamentales están recogidos y reconocidos en las Constituciones o Cartas Magnas de muchos países, aun hoy en día, las mujeres siguen encontrándose muchas dificultades para ejercerlos. El hecho de que se vulneren sus derechos fundamentales se encuentra en la discriminación que sufren las mujeres por razón de su sexo y que da lugar a la desigualdad entre mujeres y hombres en nuestra sociedad.

En el momento en que se considera que los hombres son superiores a las mujeres y, por ello, pueden ejercer poder contra ellas, se están vulnerando los derechos fundamentales de las mujeres. En una sociedad en la que existe la desigualdad entre mujeres y hombres surge la violencia contra las mujeres, que es la consecuencia y la manifestación más intolerable de la discriminación sexista.

La violencia es la coacción física y psíquica ejercida sobre una persona para viciar su voluntad y obligarla a ejecutar un acto determinado. Es una forma de ejercer el poder a través del empleo de la fuerza ya sea física, psíquica o económica. El objetivo de estas acciones violentas contra las mujeres es controlar a la persona consiguiendo la dependencia y subordinación de esta.

El concepto de violencia de género es relativamente reciente y es el que más se adapta a la realidad, ya que permite explicar la violencia contra las mujeres como consecuencia de la discriminación y del desequilibrio de poder entre mujeres y hombres.

Otro término muy utilizado es la «violencia domestica» y la «violencia intrafamiliar» pero estas expresiones se limitan a informar sobre el lugar en el que se produce la violencia y no especifica aspectos esenciales como quién es la víctima, quién es el agresor o cual es el objetivo de la violencia, por ejemplo, dentro de este tipo de violencia se encuadra la agresión entre cónyuges, la agresión a menores, la agresión a personas mayores o la agresión a personas con discapacidad.

La violencia contra las mujeres se produce a manos de un compañero o excompañero sentimental y es una forma más de los diferentes tipos de violencia que se ejercen contra las mujeres.

La expresión «violencia de género» es más exacta, porque define los tres elementos que el término «violencia doméstica» no puede concretar: nos dice que la víctima es una mujer, el agresor es un hombre y el objetivo es mantener el orden establecido que la víctima, una mujer, ha intentado desmontar. No importa tanto el hecho de que la agresión se haya producido fuera o dentro del hogar o si el agresor y la víctima tenían alguna relación entre sí.

10. El acoso sexual en el trabajo

La violencia hacia las mujeres se manifiesta a través de muchos tipos de conductas y no solo se limita a las agresiones claramente manifiestas, como las físicas o psíquicas, sino que engloba todas las situaciones de desigualdad y discriminación que habitualmente se realizan como formas de trato cotidianas y normalizadas que padecen las mujeres por el hecho de serlo. Hay que diferenciar entre diferentes formas de violencia, algunas de ellas son:

- Desvalorización: se trata a la mujer como si fuera un ser inferior, criticándola continuamente, manifestando «lo poco que vale» con el fin de destruir su autoestima.
- Control y dominio: el agresor intenta conocer en todo momento dónde está la mujer y con quién, manifestando celos y sospechas con el objetivo de controlarla, hacerla sentir mal y ejercer dominio imponiendo su autoridad.
- Aislamiento social: impedir que la mujer se comunique o participe en actividades sociales con el fin de que no pueda buscar apoyo y que dependa por completo del maltratador.
- Amenazas: intimidar con coacciones como quitarle a los hijos, ejercer sobre ella daño físico, provocarle la muerte… El objetivo es paralizar a la víctima e impedir que cuente o denuncie la situación que sufre.
- Violencia física y violencia sexual: atacar la integridad física y la sexualidad de la persona con el fin de dominar, doblegar y humillar a la mujer. Como consecuencia, la víctima sufre pánico, terror, desesperanza, indefensión y humillación.
- Chantaje emocional: el agresor manifiesta reiteradamente lo desdichado que se siente, intentando provocar lastima y manejar a la mujer, en la que nacen sentimientos de culpabilidad por las emociones de la otra persona.

«La indefensión o desamparo aprendido es darse por vencida, dejar de asumir responsabilidad alguna, dejar de responder, inmovilizarse, como consecuencia de tener la creencia de que cualquier cosa que hagamos, ya sea en ese momento o posteriormente, carecerá de toda importancia». (Miguel Lorente, médico forense y profesor de la Universidad de Granada).

Un caso común de violencia contra las mujeres se da en el trabajo. El acoso sexual en el puesto de trabajo es un tipo de violencia que se produce en el entorno laboral difícilmente reconocido y asumido por la sociedad y que afecta mayoritariamente a las mujeres. Se define como acoso sexual: «la situación en que se produce cualquier comportamiento verbal, no verbal o físico no deseado de índole sexual con el propósito o efecto de atentar contra la dignidad de una persona, en particular cuando se crea un entorno intimidatorio, hostil, degradante, humillante u ofensivo».

El acoso sexual tiene un efecto devastador sobre la salud, la confianza, la moral y el rendimiento de las mujeres que lo padecen. La ansiedad y el estrés de las mujeres sometidas a esta tortura, afecta a su rendimiento en el trabajo, siendo habitual que pidan bajas por enfermedad o, incluso, que al final tengan que dejar su empleo para buscar otro.

Puedes estar ante una situación de acoso sexual si observas las siguientes conductas:

- Acoso verbal.
- Miradas, comportamientos, actitudes lascivas no deseadas e irrespetuosas.
- Piropear de forma ofensiva.
- Contacto físico no deseado.
- Presionar para conseguir actividades sexuales.
- Agresión física.

Cualquier situación en la que la mujer se sienta agredida sexualmente puede ser detectada al sentir que el respeto y su integridad física y/o psíquica se ven boicoteadas.

11. La lucha contra la violencia de género

Resulta fundamental que tanto hombres como mujeres comprendan que la violencia de género dificulta seriamente el desarrollo de la sociedad. La violencia de género es, además de una vulneración de los derechos humanos de las mujeres víctimas de esa violencia, un grave obstáculo que impide el desarrollo social y humano en libertad de más de la mitad de la población.

Teniendo en cuenta que el origen de la violencia de género es la discriminación y la desigualdad, si mejoramos la autonomía e independencia de las mujeres contribuiremos al equilibrio de poder entre hombres y mujeres.

Designed by Freepik

La estrategia básica para combatir la violencia de género debe centrarse en el apoyo y fortalecimiento de las mujeres y, por otro lado, en el desafío a los hombres que cometen los abusos.

Las fases siguientes definen esta estrategia y sirven como modelo para responder a la violencia contra la mujer:

- Poner fin al silencio. Se le da nombre a la violencia de género procurando que las mujeres hablen de lo que les pasa. Romper el silencio permite transformar el sufrimiento personal en una acción colectiva que facilita el cambio.

- Apoyar a las mujeres. Una vez que se visibiliza el problema, el apoyo a las víctimas se hace más necesario. Las organizaciones de mujeres y las políticas públicas han creado nuevas formas de actuación y provisión en contra de la violencia de género: refugios y centros de acogida, líneas telefónicas de ayuda, grupos de apoyo, lecciones de autodefensa. Estos recursos permiten comprender mejor el problema y proporcionan nuevas formas de respuesta.
- Reforma legal y desarrollo de políticas. El cambio en las leyes debe ir acompañado de una ejecución contundente, además de modificar las leyes, hay que modificar los asuntos procesales y el tiempo para que tengan una rápida y eficaz ejecución. También hay que asegurar el conocimiento y la actuación rápida de las instituciones a las que las mujeres acuden en busca de apoyo y justicia, tales como centros de salud, colegios, instituciones locales o policía.
- Promover cambios culturales. Mientras existan creencias culturales que justifiquen la violencia de género, habrá pocas sanciones contra la misma. Por ello hay que poner en marcha programas educativos dirigidos tanto a la población en general, como a los jóvenes, niños y niñas, así como a maltratadores y delincuentes sentenciados. Los programas están dirigidos a educar en el respeto y la negociación en las relaciones interpersonales entre mujeres y hombres, así como en el desarrollo del concepto de igualdad y los beneficios que reporta a la sociedad.

Para convertir la igualdad de mujeres y hombres en un criterio imprescindible dentro de nuestra democracia, los hombres y mujeres han de implicarse en el problema, ya que la violencia contra las mujeres no es solo un problema familiar o femenino que ellas tengan que resolver solas, sino que implica al conjunto de la sociedad. Entre los mecanismos que se pueden realizar para mejorar, nos encontramos con que es necesario:

- Cambiar la visión restringida de lo que es la violencia, no reduciéndola exclusivamente a la violencia física, con golpes o heridas.
- Revisar modelos sociales masculinos y femeninos cuestionando ideas tradicionales de lo que debe ser un hombre y una mujer, eliminando el rol agresivo masculino y el rol sumiso en la mujer.

- Comprender que la violencia contra las mujeres es peligrosa para la sociedad en su conjunto, no debemos minimizar el problema, restarle importancia ni mirar hacia otro lado.
- Detectar la violencia y actuar contra ella. La violencia puede estar en nuestro entorno afectando a nuestras hijas, mujeres de nuestra familia, vecinas o amigas.
- Asumir la responsabilidad de educar a favor de la igualdad y contra la violencia en el seno de la familia.
- Cambiar actitudes y comportamientos cotidianos: no podemos seguir riéndonos de comentarios y chistes humillantes sobre mujeres o consentir publicidad que incite a la violencia.

RESUMEN

- La Ley Orgánica 3/2007, de 22 de marzo para la igualdad tiene como objetivo hacer efectivo el derecho de igualdad de trato y de oportunidades mediante la eliminación de la discriminación de la mujer, sea cual fuere su circunstancia o condición, en cualesquiera de los ámbitos de la vida y, singularmente, en las esferas política, civil, laboral, económica, social y cultural.
- Discriminación sexual: toda orden de discriminar, directa o indirectamente, por razón de sexo.
- Discriminación directa por razón de sexo: situación en que está la persona que haya sido o pudiera ser tratada de manera menos favorable que otra, en situación comparable, por razón de su sexo.
- Discriminación indirecta por razón de sexo: es la situación en que una disposición, criterio o práctica aparentemente neutros ponen a personas de un sexo en desventaja particular respecto a las del otro sexo; se exceptúan los casos en que dicha disposición, criterio o práctica puedan justificarse por una finalidad legítima y que los medios para alcanzar dicha finalidad sean necesarios y adecuados.
- Al objeto de hacer efectivo el principio constitucional de igualdad, se obliga a los Poderes Públicos a la adopción de medidas específicas a favor de las mujeres, tendentes a corregir situaciones patentes de desigualdad de hecho respecto de los hombres.
- Para evaluar los niveles de igualdad de género en una sociedad es importante considerar varias áreas: la participación política, la educación, la participación en la fuerza de trabajo y la existencia de marcos legislativos focalizados en cuestiones relacionadas con la equidad de género.
- La igualdad de oportunidades aplicada al empleo trata de conseguir una participación equilibrada de hombres y mujeres en el ámbito laboral evitando así el tratamiento discriminatorio por razón de sexo y haciendo efectivo el derecho fundamental de toda persona a ser tratada en igualdad de condiciones.

AUTOEVALUACIÓN

1. El reconocimiento de la Constitución Española del derecho a la igualdad de todos los españoles, sin que pueda prevalecer discriminación alguna por razón de sexo, y la concreción de este derecho, ¿en qué artículo aparece reflejado?

   A. El artículo 14
   B. El artículo 10
   C. El artículo 28

2. En las discriminaciones directas:

   A. El demandante debe probar que es víctima de la acción intencionalmente discriminatoria del empresario.
   B. No son fácilmente identificables.
   C. Ninguna respuesta es correcta.

3. La noción de discriminación directa es:

   A. Unilateral.
   B. Es fácilmente identificable puesto que queda manifiesta la causa, tanto para la persona que la recibe como para quien la ejerce.
   C. Las dos respuestas anteriores son correctas.

4. Para evaluar los niveles de igualdad de género en una sociedad es importante considerar varias áreas:

   A. La participación política y la educación.
   B. La participación en la fuerza de trabajo y la existencia de marcos legislativos focalizados en cuestiones relacionadas con la equidad de género.
   C. Las dos respuestas anteriores son correctas.

5. La desigualdad entre mujeres y hombres está presente en las condiciones laborales a las que se enfrentan las mujeres ocupadas. Algunas de las características del empleo de las mujeres son:

   A. Menores salarios, empleo precario y subempleo.
   B. Segregación horizontal y vertical.
   C. Las dos respuestas anteriores son correctas.

6. Entre las diferentes formas de violencia encontramos:

A. Desvalorización, control y dominio, aislamiento social, amenazas, violencia física, violencia sexual y chantaje emocional.

B. Valorización, control y dominio, aislamiento social, amenazas físicas, violencia sexual y violencia verbal.

C. Indefensión o desamparo aprendido.

MÓDULO

2. Herramientas para promover la igualdad de oportunidades entre mujeres y hombres en el ámbito laboral

Contenido del Módulo

ICB
EDITORES

UNIDAD

2.1. Conceptualización del Plan de igualdad

Contenido de la Unidad

- Introducción
- Concepto y marco legal del plan de igualdad
- Para qué se elabora el plan de igualdad
- Obligatoriedad del plan de igualdad
- Beneficios de tener un plan de igualdad en la empresa
- Contenido del plan de igualdad
- Resumen
- Autoevaluación

ICB
EDITORES

1. Introducción

En nuestra sociedad, lamentablemente, existen aún realidades marcadas por las discriminaciones de género. El desigual acceso de mujeres y hombres al empleo, la existencia de una importante brecha salarial en perjuicio de las mujeres, el reparto desigual de las responsabilidades domésticas y familiares, o la escasa presencia de mujeres en puestos directivos, justifican la necesidad de herramientas que garanticen la igualdad entre mujeres y hombres.

Las organizaciones empresariales tienen una responsabilidad social derivada de su papel como agentes sociales, y es imprescindible subrayar que, además, está sobradamente demostrado que la igualdad de trato y oportunidades en el ámbito laboral aporta grandes beneficios, relacionados no solo con la posición de las mujeres, sino también con el incremento de la productividad empresarial, la modernización y la mejora de la gestión, reforzando la imagen positiva de empresa socialmente comprometida.

La necesidad de las empresas de adaptarse a las demandas del entorno social en el que se desenvuelven para continuar siendo competitivas, ha provocado que muchas de ellas incorporen la igualdad de oportunidades en su gestión como uno de los elementos centrales en sus políticas de calidad, permitiéndoles optimizar las capacidades de sus recursos humanos, y atender a las tendencias de la sociedad, que les reclama la participación igualitaria de todos sus miembros.

Aplicar la igualdad en la empresa con nuevas formas de organización y producción mejora sustancialmente la situación de las personas que componen la organización, crece su motivación y satisfacción, se desarrolla un buen clima laboral y se generan relaciones positivas en el entorno de trabajo, todas ellas, variables relacionadas, directamente, con el incremento de la productividad empresarial.

La Ley Orgánica 3/2007 para la igualdad efectiva entre mujeres y hombres, ha supuesto un reflejo y un impulso de la demanda social, involucrando al tejido empresarial en la consecución del objetivo de eliminar las barreras y los obstáculos que impiden a las mujeres participar plenamente en el mercado de trabajo. Según la Ley, las empresas están obligadas a respetar la igualdad de trato y de oportunidades en el ámbito laboral y, para ello, deben adoptar medidas dirigidas a evitar cualquier tipo de discriminación laboral.

La Ley establece que la forma propia para expresar esas medidas es a través de un plan de igualdad, negociado y acordado con la representación legal de los trabajadores y las trabajadoras y que el plan ha de basarse en un diagnóstico sobre la situación de la igualdad en las empresas.

2. Concepto y marco legal del plan de igualdad

Los planes de igualdad en las empresas pueden definirse como la principal herramienta para incorporar la igualdad de oportunidades entre mujeres y hombres en las organizaciones, hasta el punto de obligar a determinadas empresas a elaborar e implantar estos planes.

Los planes de igualdad aportan múltiples beneficios a las empresas, como un mejor conocimiento de la organización, una optimización de los recursos humanos y una mejora de la productividad y la competitividad empresarial.

Con las últimas actualizaciones legales, estarán obligadas a implantar planes de igualdad todas las empresas con más de cincuenta trabajadores, las que no tengan convenio colectivo propio pero que su convenio colectivo sectorial las obligue a ello, y todas aquellas empresas que hayan sido sancionadas por la inspección de trabajo, ya que estas están obligadas a implantarlos por la Ley de Igualdad.

Fundamentalmente, los planes de igualdad son un conjunto ordenado de medidas adoptadas tras la realización de un diagnóstico situacional, con el objetivo de que la empresa logre la igualdad de trato y de oportunidades entre mujeres y hombres, eliminando la discriminación por razón de sexo.

La finalidad del plan de igualdad es eliminar cualquier situación o circunstancia de desigualdad o discriminación que pueda surgir dentro de la empresa por razón de sexo, e integrar la igualdad de trato y oportunidades entre mujeres y hombres como un beneficio básico de la empresa, sirviendo de eje en toda la gestión de procedimientos organizacionales.

El plan de igualdad debe tender a la supresión de todo tipo de desequilibrios y desigualdades entre mujeres y hombres.

La Ley Orgánica 3/2007, de 22 de marzo, para la igualdad efectiva entre mujeres y hombres (LOI), en su artículo 46.1, lo define como «un conjunto ordenado de medidas adoptadas después de realizar un diagnóstico de situación, tendentes a alcanzar en la Corporación/Empresa la igualdad de trato y de oportunidades entre mujeres y hombres y eliminar la discriminación por razón de sexo. Los planes de igualdad fijarán los concretos objetivos de igualdad a alcanzar, las estrategias y prácticas a adoptar para su consecución, así como el establecimiento de sistemas eficaces de seguimiento y evaluación de los objetivos fijados».

Significa, por tanto, que las medidas que se incluyen en un plan de igualdad deben estar dirigidas a responder a las necesidades que se desprenden del diagnóstico situacional y encauzadas a resolver los problemas detectados en el mismo.

Podemos ver sentadas las bases en el artículo 85 del Real Decreto Legislativo 2/2015, de 23 de octubre, por el que se aprueba el texto refundido de la Ley del Estatuto de los Trabajadores, (BOE, de 24 de octubre de 2015) y que dice así: «sin perjuicio de la libertad de las partes para determinar el contenido de los convenios colectivos, en la negociación de los mismos existirá, en todo caso, el deber de negociar medidas dirigidas a promover la igualdad de trato y de oportunidades entre mujeres y hombres en el ámbito laboral, o en su caso, planes de igualdad con el alcance y contenido previsto en el capítulo III del título IV de la Ley Orgánica 3/2007, de 22 de marzo, para la igualdad efectiva de mujeres y hombres».

Tal y como expone en sus motivos iniciales la citada Ley Orgánica 3/2007, «el artículo 14 de la Constitución Española proclama el derecho a la igualdad y a la no discriminación por razón de sexo. Por su parte, el artículo 9.2 de la CE, consagra que: «Corresponde a los poderes públicos de promover las condiciones para que la libertad y la igualdad del individuo y de los grupos en que se integra sean reales y efectivas».

Partiendo de la definición aportada por el artículo 46. 1 de la Ley Orgánica 3/2007, de 22 de marzo, para la igualdad efectiva de mujeres y hombres (BOE, de 23 de marzo de 2007), los planes de igualdad tienen la pretensión de establecer en las empresas y organizaciones de cualquier ámbito la igualdad de trato y oportunidades entre mujeres y hombres a través de la eliminación de las desigualdades o discriminaciones que por razón del sexo puedan surgir y existir en una empresa u organización, por lo que es necesario determinar, comprender y precisar todo el conjunto de objetivos, medidas y acciones, que se han de planificar para lograr la igualdad entre mujeres y hombres en el seno de la organización y que impliquen a la totalidad de la empresa.

Un plan de igualdad tiene que fijar los objetivos de igualdad que debemos alcanzar, las estrategias y las prácticas que hay que adoptar, y los sistemas más eficaces para el seguimiento y evaluación de los objetivos que sean fijados.

Se hace necesario valorar que, aunque los planes de igualdad han de ser únicos para cada empresa, independientemente de los centros de trabajo que tengan, la legislación tiene en cuenta la posibilidad de incluir acciones especiales para algunos centros de trabajo que las requieran.

3. Para qué se elabora el plan de igualdad

Mediante la formulación de un plan de igualdad dentro de las empresas, lo primero que se produce es un compromiso reforzado dentro de la organización para la eliminación de la discriminación entre mujeres y hombres. Igualmente, se refuerza la promoción de la igualdad, sustentado en el cumplimiento del principio constitucional de igualdad de oportunidades entre las personas de ambos sexos.

La igualdad constituye un elemento estratégico y de calidad en las empresas.

Los principios de actuación en materia de igualdad, coinciden con los motivos que pueden tener las empresas para elaborar un plan de igualdad, como son:

- Buscar y eliminar las discriminaciones por razón de sexo, ya sean directas o indirectas.
- Modificar los patrones socioculturales de conducta de mujeres y hombres, que se basen en ideas de inferioridad o superioridad de cualquiera de los sexos.

- Integrar la dimensión de la igualdad de oportunidades entre mujeres y hombres en la elaboración, ejecución y seguimiento de todas las acciones desarrolladas dentro de una organización pública o privada.
- Prevenir el acoso sexual o acoso por razón de sexo.
- Implantar un código de conducta que proteja a empleados y empresas.
- Promover la igualdad de oportunidades en todos los niveles de la organización.
- Potenciar la conciliación de la vida profesional, personal y familiar a todos los miembros de la empresa.

4. Obligatoriedad del plan de igualdad

Aunque en los temas 4 y 5 profundizaremos en la normativa y la jurisprudencia, debemos apuntar la normativa laboral principal que regula los planes de igualdad en las empresas:

- Ley Orgánica 3/2007, de 22 de marzo, para la igualdad efectiva de mujeres y hombres.
- Real Decreto legislativo 2/2015, de 23 de octubre, por el que se aprueba el texto refundido de la Ley del Estatuto de los Trabajadores.

Tras las modificaciones en la normativa de Igualdad que se han realizado por el Real Decreto-ley 6/2019, de 1 de marzo, de medidas urgentes para la garantía de la igualdad de trato y de oportunidades entre mujeres y hombres en el empleo y la ocupación, se ha producido una ampliación generalizada, indicada sobre el artículo 45 de la Ley Orgánica 3/2007, con respecto a la obligación de implantar un plan de igualdad en las empresas con más de cincuenta trabajadores frente a las de más de doscientos cincuenta que se fijó con anterioridad en la normativa de 2007.

A su vez, se ven afectados o modificados los artículos 45 a 49 de la LOI 3/2007 con los artículos 1 y con la Disposición Transitoria décima segunda de la Ley 6/2019.

Las modificaciones normativas realizadas con efectos de 8 de marzo de 2019, por el Real Decreto-Ley 6/2019 sobre la Ley 3/2007, tienen en cuenta la existencia de un período transitorio de aplicación de la nueva normativa en función del número de personas empleadas que tenga la empresa en plantilla.

Podemos dividir la obligación de elaborar e implementar los planes de igualdad:

1. En función del número de personas trabajadoras en la empresa, es decir, de su tamaño, en diferentes períodos temporales:

Número de trabajadores	Fechas de obligación
Empresas de más de 250 trabajadores	Hasta 06/03/2020
Empresas de entre 151 a 250 trabajadores	A partir del 07/03/2020 y hasta el 06/03/2021
Empresas de entre 101 a 150 trabajadores	A partir del 07/03/2021 y 06/03/2022
Empresas de entre 50 a 100 trabajadores	A partir del 07/03/2022

2. Debemos tener en cuenta, sin perjuicio del número de personas trabajadoras, que cuando se establezca en el convenio colectivo que sea aplicable, las empresas deben elaborar y aplicar los planes de igualdad, en los términos que se dispongan en el convenio colectivo, aunque no tengan el número de trabajadores mínimo obligatorio.

3. Las empresas también deben elaborar y aplicar un plan de igualdad, realizando en su caso una previa negociación o consulta con la representación legal de los trabajadores y trabajadoras, cuando la autoridad laboral, dentro de un procedimiento sancionador, acuerde que se puede realizar la sustitución de las sanciones accesorias por la posibilidad de elaborar y aplicar un plan de igualdad, en los términos que se fijen en dicho acuerdo.

Consideremos, además, la disposición adicional séptima del Real Decreto Legislativo 5/2015, de 30 de octubre, por el que se aprueba el texto refundido de la Ley del Estatuto Básico del Empleado Público, en la que se establece la obligación, para todas las administraciones públicas, de adoptar medidas dirigidas a evitar cualquier tipo de discriminación laboral entre mujeres y hombres, para lo que «deberán elaborar y aplicar un plan de igualdad a desarrollar en el convenio colectivo o acuerdo de condiciones de trabajo del personal funcionario que sea aplicable, en los términos previstos en el mismo».

5. Beneficios de tener un plan de igualdad en la empresa

La elaboración y posterior puesta en marcha de un plan de igualdad, no se debe realizar solo para cumplir con la normativa, sino que, dejando a un lado la obligación por parte de la organización en las imposiciones legales, es necesario indicar que su implantación dentro de la empresa supone beneficios, entre los que pueden destacarse:

- Mejora de la imagen de la organización, proyectando una imagen más actual, comprometida y socialmente valorada.
- Mejora del ambiente y el clima laboral, a través de mensajes no discriminatorios e implantando medidas para la conciliación, eso hace aumentar la reputación interna de la empresa entre la plantilla.
- Eliminar los costes generados por la discriminación de género ante eventuales demandas de los trabajadores.
- Generar más oportunidades para seleccionar y mantener personas con talento, optimizando los recursos humanos.
- Aprovechar la formación aportada a los trabajadores dentro de una política de no discriminación en esta materia, especialmente la formación que están adquiriendo las mujeres y los buenos resultados que esto implica dentro de la organización.
- Preparación para el futuro, generando equipos de trabajo más adaptables a las nuevas formas de trabajo.

Estas ventajas pueden ser extrapoladas a cualquier ámbito en los que se pueda aplicar un plan.

Las empresas han de adoptar las medidas necesarias para evitar cualquier tipo de discriminación laboral entre mujeres y hombres y elaborar un plan de igualdad, en caso de que la empresa cuente con más de cincuenta trabajadores o haya sido sancionada por la autoridad administrativa, sustituyendo otro tipo de sanción con el hecho de elaborar un plan de igualdad (artículo 45 de la Ley Orgánica 3/2007, de 22 de marzo, para la igualdad efectiva de mujeres y hombres).

En el caso de que se desarrolle en una entidad local y/o ayuntamiento, es prioritario analizar la realidad del lugar contemplando todos los datos, para su elaboración correcta. El plan local de igualdad procura incidir en un problema social y no en un problema de mujeres.

Por otra parte, cuando el plan de igualdad se desarrolla en el ámbito educativo, es necesario un consenso mínimo de la comunidad educativa, es decir, claustro, familias, alumnado, personal no docente y todas las personas implicadas en el centro educativo, con el fin de procurar cambios más eficaces.

6. Contenido del plan de igualdad

Con carácter previo se realizará un diagnóstico negociado, en su caso, con la representación legal de las trabajadoras y los trabajadores (RLT) de la empresa, en el que podrán detectar aquellas áreas o materias en las que es necesario implantar las medidas de igualdad, estableciendo los objetivos a lograr para cumplir con el principio de igualdad de oportunidades y no discriminación.

La legislación ha enumerado algunas materias que pueden ser recogidas en el plan de igualdad, tales como:

- Proceso de selección y contratación, acceso al empleo.
- Clasificación profesional.
- Formación.
- Promoción profesional.

- Condiciones de trabajo, incluida la auditoria salarial entre mujeres y hombres.
- Tiempo de trabajo y conciliación, ejercicio corresponsable de los derechos de la vida personal, familiar y laboral.
- Infrarrepresentación femenina.
- Retribuciones.
- Prevención del acoso sexual y por razón de sexo.
- Otras materias transversales como, por ejemplo: salud laboral, lenguaje no sexista y violencia de género y, en general, acciones positivas tendentes a eliminar cualquier práctica laboral que suponga trato discriminatorio por razón de sexo.

A partir de la actualización del Real Decreto 6/2019, de 1 de marzo, se ha establecido un listado de materias que amplían su contenido, es decir, la norma modifica el apartado 2 y se añaden tres nuevos apartados 4, 5 y 6, al artículo 46 de la Ley Orgánica 3/2007, de 22 de marzo, para la igualdad efectiva de mujeres y hombres, con el objetivo de regular el diagnóstico previo, necesariamente negociado con la representación legal de los trabajadores a través de la comisión negociadora del plan de igualdad.

Por tanto, los planes de igualdad deben contener «un conjunto ordenado de medidas evaluables dirigidas a remover los obstáculos que impiden o dificultan la igualdad efectiva de mujeres y hombres».

Con carácter previo se elaborará un diagnóstico negociado, en su caso, con la representación legal de las personas trabajadoras, que contendrá, al menos, las siguientes materias:

- Proceso de selección y contratación.
- Clasificación profesional.
- Formación.
- Promoción profesional.

- Condiciones de trabajo, incluida la auditoría salarial entre mujeres y hombres.
- Ejercicio corresponsable de los derechos de la vida personal, familiar y laboral.
- Infrarrepresentación femenina.
- Retribuciones.
- Prevención del acoso sexual y por razón de sexo.

Es decir, frente a la regulación vigente hasta ahora, donde no se determinaban las materias a contemplar por los planes de igualdad, y solamente se ejemplificaban algunas, ahora sí se establece la obligatoriedad de un contenido mínimo, previo diagnóstico negociado, en su caso, con la representación legal de las personas trabajadoras, añadiéndose al listado precedente una referencia global a «condiciones de trabajo» que incluye expresamente las auditorías salariales, así como el ejercicio corresponsable de los derechos de conciliación y la infrarrepresentación femenina.

En las empresas que tienen RLT, la elaboración del diagnóstico se realizará por la Comisión Negociadora del Plan de Igualdad, para ello, la dirección de la empresa proporcionará todos los datos e información que sea necesaria para elaborar el diagnóstico relacionado con las materias indicadas anteriormente, así como los datos del Registro regulados en el artículo 28, apartado 2 del Estatuto de los Trabajadores.

El plan de igualdad pretende mejorar las condiciones laborales de las trabajadoras, pero también de los trabajadores: los beneficios deben repercutir en toda la plantilla, implicando a todas las áreas de gestión de la organización.

Una de las características imprescindibles en todo plan de igualdad es que debe ser progresivo, ya que está sometido a los cambios constantes que sufra la empresa. El plan debe poseer la cualidad de adaptarse a las transformaciones y necesidades que se detecten en la empresa, de ahí la importancia de su seguimiento. Por tanto, ha de confeccionarse «a medida», en función de las necesidades y posibilidades.

Según lo previsto en el artículo 86 del Estatuto de los Trabajadores, la duración del plan puede dejarse a decisión de las partes al respecto del mismo y, además, se podrán asignar periodos de vigencia diferentes según la materia tratada.

Suele ser recomendable elaborar el plan de igualdad durante el proceso de negociación del convenio y que pueda concluir su realización antes del cierre del convenio. Cuando no sea posible llegar al acuerdo durante el proceso de negociación de las partes, podrá llevarse a cabo con posterioridad, introduciendo una cláusula en el convenio que concrete ciertos aspectos como:

- El plazo máximo para elaborar el plan y para el inicio de cada una de las fases.
- El compromiso de adoptar el plan a través de la firma del acuerdo, una vez que se haya elaborado.
- La constitución de una comisión para la igualdad paritaria dentro de la empresa u organización.
- La fijación de las fases y estructura básica del plan.

Si tenemos en cuenta la definición legal de plan de igualdad en las empresas, podemos deducir que durante toda la fase de elaboración del plan dentro de la empresa u organización, se atraviesan diferentes etapas, que a veces pueden suceder consecutivamente o discurrir temporalmente de forma paralela entre ellas, pero que siempre profundizarán en los siguientes apartados:

- Compromiso de la empresa.
- Creación de la comisión de igualdad o responsables.
- Elaboración del diagnóstico.
- Propuestas de medida y negociación.
- Implantación y seguimiento.

- Evaluación.

Podría considerarse, además, una última parte en la que es necesario registrar los planes de igualdad, una vez firmados, ante la autoridad laboral y publicarlos según estas dos modalidades:

- Como parte integrada dentro del texto completo del convenio colectivo de empresa o de un acuerdo marco del grupo empresarial.
- Como acuerdo de empresa adicional al texto del convenio o, cuando le sea aplicable a la empresa, como un convenio sectorial.

El hecho de registrar los planes de igualdad ante la autoridad laboral va a facilitar el seguimiento y el control de las acciones realizadas, garantizando así la igualdad de oportunidades en las empresas y permitiendo asegurar una aplicación correcta de los planes de igualdad, lo que beneficia a toda la plantilla. Tal y como establece el RD 713/2010, de 28 de mayo, sobre registro y depósito de convenios y acuerdos colectivos de trabajo, cuando realizamos un registro, debemos identificar con precisión: las partes negociadoras y/o firmantes, el ámbito funcional y personal, el número de personas afectadas, la vigencia de dicho acuerdo, el código y la denominación del convenio de referencia.

MODELO DE CLÁUSULA PARA INCLUSIÓN EN CONVENIO COLECTIVO

Las partes firmantes se comprometen a la negociación del Plan de Igualdad en las empresas de su ámbito, en cumplimiento de la Ley Orgánica 3/2007, de 22 de marzo, para la igualdad efectiva de mujeres y hombres. A tal efecto, se creará una comisión paritaria de igualdad, encargada de efectuar el diagnóstico de situación y el Plan de Igualdad.

Asimismo, esta comisión establecerá el procedimiento para la elaboración, evaluación y cumplimiento del citado plan. En el plazo máximo de tres meses desde la firma del convenio, se elaborará el diagnóstico. La empresa facilitará los medios y la información necesaria para su realización y estos datos deberán estar desagregados por sexo.

El Plan de Igualdad contemplará las siguientes materias:

- Acceso al empleo.
- Clasificación profesional.
- Promoción.
- Formación.
- Retribuciones.
- Ordenación del tiempo de trabajo.
- Conciliación de la vida laboral, personal y familiar.
- Prevención del acoso sexual y acoso por razón de sexo.
- Cualquier otra materia que sirva para conseguir y fomentar la igualdad efectiva entre hombres y mujeres.

7. Resumen

- Las empresas tienen una responsabilidad social como agentes sociales y pueden obtener grandes beneficios si desarrollan la igualdad de trato y oportunidades: crece la motivación y satisfacción, se desarrolla un buen clima laboral, lo que hace aumentar la productividad empresarial.
- La Ley obliga a las empresas a respetar la igualdad de trato y oportunidades y a adoptar medidas que eviten la discriminación laboral. Para expresar esas medidas deben negociar y acordar un plan de igualdad, que se define como «un conjunto ordenado de medidas adoptadas después de realizar un diagnóstico de situación, tendentes a alcanzar en la corporación/empresa la igualdad de trato y de oportunidades entre mujeres y hombres y eliminar la discriminación por razón de sexo. Los planes de igualdad fijarán los concretos objetivos de igualdad a alcanzar, las estrategias y prácticas a adoptar para su consecución, así como el establecimiento de sistemas eficaces de seguimiento y evaluación de los objetivos fijados».

- Están obligadas a implantar un plan de igualdad aquellas empresas que:
  - Tengan más de 50 trabajadores. En función del número de trabajadores se les permite un periodo temporal para cumplir la normativa.
  - Cuando lo establezca el convenio de empresa o convenio colectivo.
  - Cuando lo indique la autoridad laboral en un procedimiento sancionador.
- El diagnóstico del plan de igualdad deberá contener las siguientes materias:
  - Proceso de selección y contratación.
  - Clasificación profesional.
  - Formación.
  - Promoción profesional.
  - Condiciones de trabajo, incluida la auditoría salarial entre mujeres y hombres.
  - Ejercicio corresponsable de los derechos de la vida personal, familiar y laboral.
  - Infrarrepresentación femenina.
  - Retribuciones.
  - Prevención del acoso sexual y por razón de sexo.

Autoevaluación

1. Las empresas, como agentes sociales, pueden obtener grandes beneficios si desarrollan la igualdad de trato y oportunidades, como:
   - **A.** Crece la motivación y la satisfacción.
   - **B.** Se desarrolla un buen clima laboral y aumenta la productividad.
   - **C.** Las dos respuestas anteriores son correctas.

2. Según la Ley Orgánica 3/2007, las empresas están obligadas a:
   - **A.** Respetar la igualdad de trato y de oportunidades en el ámbito laboral.
   - **B.** Adoptar medidas dirigidas a evitar cualquier tipo de discriminación.
   - **C.** Las dos respuestas anteriores son correctas.

3. A raíz del Real Decreto-ley 6/2019, de 1 de marzo, estarán obligadas a implantar un plan de igualdad:
   - **A.** Todas las empresas de más de 50 trabajadores.
   - **B.** Todas las empresas de más de 150 trabajadores.
   - **C.** Todas las empresas de más de 250 trabajadores.

4. También, están obligadas a implantar un plan de igualdad aquellas empresas que:
   - **A.** Lo establezca el convenio de empresa o convenio colectivo.
   - **B.** Lo indique la autoridad laboral en un procedimiento sancionador.
   - **C.** Las dos respuestas anteriores son correctas.

5. Las materias que debe contener el diagnóstico de un plan de igualdad son:
   - **A.** Proceso de selección y contratación, clasificación profesional, formación y promoción profesional.
   - **B.** Condiciones de trabajo, corresponsabilidad, infrarrepresentación femenina, retribuciones y prevención del acoso sexual y por razón de sexo.
   - **C.** Las dos respuestas anteriores son correctas.

6. Los planes de igualdad fijarán:

   A. Los objetivos de igualdad, las estrategias y las prácticas para su consecución.

   B. También fijarán un sistema eficaz de seguimiento y evaluación de esos objetivos.

   C. No es necesario fijar los objetivos de un plan de igualdad, tan solo los de la empresa.

UNIDAD

2.2. Conceptualización del Protocolo contra el acoso sexual y por razón de sexo

Contenido de la Unidad

- Concepto y Funcionalidades del Protocolo contra el acoso sexual y por razón de sexo
- Marco legal del Protocolo contra el acoso sexual y por razón de sexo
- Contenido del Protocolo contra el acoso sexual y por razón de sexo en la empresa
- Consecuencias del acoso en la victima
- Sanciones aplicables
- Creación e implantación del Protocolo
- Modelos de Protocolo
- Resumen
- Autoevaluación

ICB
EDITORES

1. Concepto y Funcionalidades del Protocolo contra el acoso sexual y por razón de sexo

Una de las materias contempladas en los Planes de Igualdad es el acoso laboral. Con el objetivo de evitarlo, la Ley Orgánica 3/2007 para la igualdad efectiva de mujeres y hombres establece en su artículo 48 que "las empresas deberán promover condiciones de trabajo que eviten el acoso sexual y el acoso por razón de sexo y arbitrar procedimientos específicos para su prevención y para dar cauce a las denuncias o reclamaciones que puedan formular quienes hayan sido objeto del mismo".

Como consecuencia de la mencionada ley, se ha establecido como obligatorio para todas las empresas la elaboración de un Protocolo de prevención del acoso sexual o por razón de sexo. Se trata un documento que recoge los procedimientos de actuación y prevención del acoso sexual por razón de sexo en el trabajo. Este protocolo, que incluye las pautas para identificar una situación de acoso y el procedimiento a seguir en caso de que ocurra es obligatorio para todas las empresas independientemente del número de trabajadores, lo único que las que tienen obligación de tener un plan de igualdad (+de 50 empleados) tienen que hacerlo de otra manera integrado con el plan de igualdad.

En el caso de que la empresa sufra una denuncia por un caso de acoso sexual o por razón de sexo, la Inspección de Trabajo y Seguridad Social le solicitará las medidas, que, en esta materia, la empresa tiene adoptadas o en su caso el Protocolo Preventivo contra el Acoso Sexual o por Razón de Sexo. Se trata de un manual obligatorio para todas las empresas cuya inexistencia será juzgada en dicha inspección la cual determinará el grado y el importe de la sanción.

Además, una empresa que no cumpla con la obligación de tener un protocolo para el acoso laboral puede ser sancionada, además de ser denunciada ante los tribunales.

Las sanciones que pueden imponerse a las empresas por no tener un protocolo en contra de la violencia laboral y el acoso sexual o por razón de sexo quedarían así:

- ⇨ Multas de 7.501 a 30.000 € para infracciones leves.
- ⇨ Multas de 30.001 a 120.005 € para infracciones graves.
- ⇨ Multas de 120.006 a 225.018 € para infracciones muy graves.

2. Marco legal del Protocolo contra el acoso sexual y por razón de sexo

La ley que ha establecido como obligatorio para todas las empresas la elaboración de un Protocolo de prevención del acoso sexual o por razón de sexo, es la Ley Orgánica 3/2007 para la igualdad efectiva de mujeres y hombres.

En su artículo 48 expone "las empresas deberán promover condiciones de trabajo que eviten el acoso sexual y el acoso por razón de sexo y arbitrar procedimientos específicos para su prevención y para dar cauce a las denuncias o reclamaciones que puedan formular quienes hayan sido objeto del mismo".

Los Reales Decretos-Ley que la completan: Real Decreto-ley 6/2019, de 1 de marzo, de medidas urgentes para garantía de la igualdad de trato y de oportunidades entre mujeres y hombres en el empleo y la ocupación; Real Decreto-ley 901/2020, de 13 de octubre, por el que se regulan los planes de igualdad y su registro.

No obstante, a continuación, vamos a enumerar el conjunto de la normativa de referencia.

2.1. Normativa internacional:

- ♦ Declaración Universal de Derechos Humanos: arts. 3 y 5.
- ♦ Convenio número 111 de la O.I.T (25 de junio de 1958) relativo a la discriminación en materia de empleo.
- ♦ Declaración y Plataforma de Acción de Beijing (15 de septiembre de 1995). Resolución adoptada por la Organización de las Naciones Unidas al final de la Cuarta Conferencia Mundial sobre la Mujer.

- Convención sobre la Eliminación de Todas las Formas de Discriminación contra la Mujer (CEDAW) y sus recomendaciones generales Nº 19 y Nº35 (26 julio de 2017).

- Convenio número 190 de la O.I.T, (21 de junio de 2019) sobre la eliminación de la violencia y el acoso en el mundo del trabajo y la Recomendación número 209 que la complementa es el primer Tratado Internacional que aborda la violencia y acoso en el trabajo de forma integral.

2.2. Normativa europea:

- Directiva 76/2007/CEE del Consejo de 9 de febrero de 1976 "Igualdad de trato", modificada por Directiva 2002/73/CE del Parlamento Europeo, refundida posteriormente, en la Directiva 2006/54/CE, relativas ambas a la aplicación del principio de igualdad de trato entre hombres y mujeres en asuntos de empleo y ocupación, que establecen que tanto el acoso sexual como el acoso por razón de sexo constituyen manifestaciones discriminatorias a las que se debe hacer frente en el ámbito de la empresa.

- Declaración del Consejo de 19 de diciembre de 1991, relativa a la aplicación de la Recomendación 92/131/CE de la Comisión de la Comunidades europeas de 27 de noviembre de 1991, en la cual se incluye un "Código de Conducta" encaminado a combatir el acoso sexual en el trabajo de los países de la CE.

- Directiva 2004/113/CE por la que se aplica el principio de igualdad de trato entre hombres y mujeres al acceso a bienes y servicios y su suministro.

- Directiva 2006/54//CE del Parlamento Europeo y del Consejo de 5/07/2006.

- Acuerdo marco europeo de 26 de abril de 2007, sobre acoso y violencia en el lugar de trabajo.

- Convenio del Consejo de Europa sobre prevención y lucha contra la violencia contra las mujeres y la violencia doméstica (Convenio de Estambul), 2011.

2.3. Normativa estatal:

- Constitución Española 1978: arts. 1.1; 9.2; 10.1; 14; 15, 18.1, 35.1, 40.2 y 53.2.
- Real Decreto 1368/1985, de 17 de julio, por el que se regula la relación laboral de carácter especial de los minusválidos que trabajen en los centros especiales de empleo.
- Real Decreto 33/1986, de 10 de enero, por el que se aprueba el Reglamento de 3/18 Régimen Disciplinario de los Funcionarios de la Administración del Estado.
- Ley 14/1994, de 1 de junio, por la que se regulan las empresas de trabajo temporal.
- Ley Orgánica 10/1995, de 23 de noviembre, Código Penal: arts. 173.1, 184, 191, 311, 314, 443 y 445.
- Ley 31/1995, de 8 de noviembre, de Prevención de Riesgos Laborales.
- Real Decreto Legislativo 1/1995, de 24 de marzo que aprueba el Texto Refundido de la Ley del Estatuto de los Trabajadores.
- Ley 29/1998, de 13 de julio, reguladora de la Jurisdicción Contencioso-Administrativa.
- Real Decreto Legislativo 5/2000, de 4 de agosto, por el que se aprueba el Texto Refundido de la Ley sobre Infracciones y Sanciones en el Orden Social.
- Ley 51/2003, de 2 de diciembre, de igualdad de oportunidades, no discriminación y accesibilidad universal de las personas con discapacidad (actual Real Decreto Legislativo 1/2013, de 29 de noviembre, por el que se aprueba el Texto Refundido de la Ley General de derechos de las personas con discapacidad y de su inclusión social)
- Ley 62/2003, de 30 de diciembre, de medidas fiscales, administrativas y del orden social.

- Orden APU/526/2005, de 7 de marzo, por la que se dispone la publicación del Acuerdo del Consejo de Ministros de 4 de marzo de 2005, por el que se aprueba el Plan para la igualdad de género en la Administración General del Estado.
- Ley Orgánica 3/2007 de 22 de marzo, para la Igualdad Efectiva de Mujeres y Hombres.
- Ley 7/2007 de 12 de abril del Estatuto Básico del Empleado Público; arts. 14, 53 y 95.2.
- Ley Orgánica 3/2007, de 22 de marzo, para la igualdad efectiva de mujeres y hombres.
- Ley 20/2007, de 11 de julio, del Estatuto del trabajo autónomo.
- Criterio Técnico 69/2009 sobre actuaciones de la Inspección de Trabajo y Seguridad Social en materia de acoso y violencia en el trabajo, en la que se refuerza la consideración como conducta a sancionar.
- Ley 36/2011, de 10 de octubre, Reguladora de la Jurisdicción Social.
- Resolución de 5 de mayo de 2011, de la Secretaria de Estado para la Función Pública, por la que se aprueba y publica el Acuerdo de 6 de abril de 2011 de la Mesa General de Negociación de la Administración General del Estado sobre el Protocolo de Actuación frente al acoso laboral en la Administración General del Estado.
- Resolución de 28 de julio de 2011, de la Secretaría de Estado para la Función Pública que aprueba el Acuerdo de 27 de julio de 2011 de la Mesa General de Negociación de la Administración General del Estado sobre el Protocolo de actuación frente al acoso sexual y al acoso por razón de sexo en el ámbito de la A.G.E. Y de los Organismo Públicos vinculados a ella.
- Real Decreto Legislativo 1/2013, de 29 de noviembre, por el que se aprueba el Texto Refundido de la Ley General de derechos de las personas con discapacidad y de su inclusión social.

- Resolución de 21 de febrero de 2012, de la Dirección General de Empleo, por la que se registra y publica el acta en la que se contiene el acuerdo sobre protocolo de prevención frente al acoso, acoso sexual y por razón de sexo, de conformidad con lo dispuesto en la disposición adicional segunda del Convenio colectivo para las empresas de comercio al por mayor e importadoras de productos químicos industriales, y de droguería, perfumería y anexos.
- Real Decreto Legislativo 2/2015, de 23 de octubre, por el que se aprueba el texto refundido de la Ley del Estatuto de los Trabajadores.
- Real Decreto Legislativo 5/2015, de 30 de octubre, por el que se aprueba el texto refundido de la Ley del Estatuto Básico del Empleado Público.
- Resolución de 26 de noviembre de 2015, de la Secretaria de Estado de Administraciones Públicas, por la que se publica el Acuerdo del Consejo de Ministros de 20 de noviembre de 2015, por el que se aprueba el Protocolo de actuación frente a la violencia en el trabajo en la Administración General del Estado y los organismos públicos vinculados o dependientes de ella.
- Resolución 400/38199/2015, de 21 de diciembre, de la Subsecretaria, por la que se publica el Acuerdo del Consejo de Ministros de 20 de noviembre de 2015, por el que se aprueba el Protocolo de actuación frente al acoso sexual y por razón de sexo en las Fuerzas Armadas.
- Real Decreto-ley 6/2019, de 1 de marzo, de medidas urgentes para garantía de la igualdad de trato y de oportunidades entre mujeres y hombres en el empleo y la ocupación.
- Real Decreto-ley 901/2020, de 13 de octubre, por el que se regulan los planes de igualdad y su registro.
- Ley Orgánica 10/2022, de 6 de septiembre, de garantía integral de la libertad sexual.

3. Contenido del Protocolo contra el acoso sexual y por razón de sexo en la empresa

Una de las materias contempladas en los Planes de Igualdad es el acoso laboral. Con el objetivo de evitarlo, la Ley Orgánica 3/2007 para la igualdad efectiva de mujeres y hombres establece en su artículo 48 que “las empresas deberán promover condiciones de trabajo que eviten el acoso sexual y el acoso por razón de sexo y arbitrar procedimientos específicos para su prevención y para dar cauce a las denuncias o reclamaciones que puedan formular quienes hayan sido objeto del mismo”.

Como consecuencia de la mencionada ley, se ha establecido como obligatorio para las empresas la elaboración de un Protocolo de prevención del acoso sexual o por razón de sexo, también llamado comúnmente ''Protocolo de Acoso''. Se trata de un documento que recoge los procedimientos de actuación y prevención del acoso sexual por razón de sexo en el trabajo. Este protocolo, que incluye las pautas para identificar una situación de acoso y el procedimiento a seguir en caso de que ocurra, es obligatorio para las empresas independientemente del número de trabajadores. Es decir, tanto si la empresa tiene una plantilla de 500, 250, ó 4 trabajadores, está obligada a tener un protocolo contra el acoso laboral que articule no solo medidas para prevenirlo, sino también el procedimiento en caso de acoso laboral a seguir por trabajadores y empresa.

Aunque la empresa no tenga obligación de tener un Plan de Igualdad, sí está obligada a tener de acuerdo a la normativa un protocolo de acoso laboral.

Además, cabe señalar que la Inspección de Trabajo lleva a cabo más inspecciones para comprobar que las empresas cuentan con un protocolo contra el acoso laboral adecuado y de acuerdo a las exigencias de la normativa.

En caso de que la empresa sufra una denuncia por un caso de acoso sexual o por razón de sexo, la Inspección de Trabajo y Seguridad Social le solicitará las medidas que la empresa tiene adoptadas o el Protocolo Preventivo contra el Acoso Sexual o por Razón de Sexo. Como hemos dicho, se trata de un manual obligatorio para las empresas cuya inexistencia será juzgada en dicha inspección la cual determinará el grado y el importe de la sanción.

Además, es necesario señalar que la Inspección de Trabajo lleva a cabo más inspecciones para comprobar que las empresas cuentan con un protocolo contra el acoso laboral adecuado y de acuerdo a las exigencias de la normativa.

Aparece regulado por el Real Decreto-Ley 6/2019, de 1 de marzo y el Real Decreto-Ley 901/2020, de 18 de octubre.

3.1. Acoso laboral y sexual

Tal y como señala el artículo 7.1 de la Ley 3/2007 para la igualdad efectiva de hombres y mujeres, el acoso sexual consiste en cualquier comportamiento de índole sexual cuyo objetivo sea atentar contra la dignidad de una persona, especialmente cuando dicha actitud crea un marco ofensivo, degradante e intimidatorio para la víctima.

La diferencia entre acoso laboral y acoso sexual es que en el segundo caso existe una motivación sexual. Por otra parte, la diferencia entre acoso sexual y acoso sexual laboral es que el segundo debe haberse producido dentro del entorno de trabajo.

El acoso sexual en el trabajo acarrea graves consecuencias para:

- ⇨ La víctima, tanto en el ámbito laboral como en su entorno social o familiar.
- ⇨ La imagen de la propia empresa
- ⇨ El acosador, en caso de que su actitud sea denunciada, pues tendrá más problemas a la hora de buscar empleo.

3.2. ¿Qué es un Protocolo de acoso y qué objetivos persigue?

El Protocolo supone establecer políticas que contribuyan a mantener unos entornos laborales libres de acoso y discriminación ilícita y, a garantizar que sí se produjeran, se dispone de un protocolo de actuación y se conocen los procedimientos adecuados para tratar el problema y corregirlo.

3.2.1. Objetivos:

1. Previene y vela para que exista en la organización un ambiente exento de acoso laboral, sexual y por razón de sexo.
2. Establecer un procedimiento que regule QUÉ y CÓMO hacer ante un posible caso de acoso
3. Investigación garantista:
   - ⇨ Confidencialidad
   - ⇨ Agilidad
   - ⇨ Objetividad
   - ⇨ Contradicción
   - ⇨ Presunción de inocencia

4. CONSECUENCIAS DEL ACOSO EN LA VICTIMA

El acoso sexual laboral tiene diversas consecuencias para la víctima en diferentes ámbitos:

En el ámbito laboral:

- ⇨ Incremento de las bajas por enfermedad y el absentismo laboral
- ⇨ Disminución de la productividad y la calidad del trabajo de la víctima afectada
- ⇨ Descenso de la motivación
- ⇨ Clima laboral negativo

Entre las consecuencias para la salud:

- ⇨ Ansiedad – estrés
- ⇨ Depresión
- ⇨ Trastornos del sueño

⇨ Dolores de cabeza, problemas gastrointestinales, etc.

Estas consecuencias pueden influir en la manera en que la persona se relaciona en su ámbito social o familiar.

5. Sanciones aplicables

El acoso laboral no solo es un problema para las empresas, que afecta al clima laboral y el rendimiento de los trabajadores afectados, sino que puede convertirse en algunos casos en un delito perseguido por la justicia, que contempla penas de prisión. Por ello, que una empresa no cumpla con la obligación de tener un protocolo para el acoso laboral puede ser sancionada por la autoridad laboral, además de ser denunciada ante los tribunales.

Las sanciones que pueden imponerse a las empresas por no tener un protocolo en contra de la violencia laboral y el acoso sexual o por razón de sexo varían en función de la gravedad de la infracción. De acuerdo a la Ley de Infracciones y Sanciones, estas quedarían así:

- Multas de 7.501 a 30.000 euros para infracciones leves
- Multas de 30.001 a 120.005 euros para infracciones graves
- Multas de 120.006 a 225.018 euros para infracciones muy graves

Esto son solo sanciones administrativas, si el caso llega a los tribunales, habría que sumar las multas impuestas por el tribunal a la empresa, si se demuestra que esta no tenía implantado el debido protocolo de acoso laboral obligatorio o el que tenía implantado era insuficiente o ineficiente. Así como la posible indemnización por daños que podría reclamar la víctima.

Aparte de esto, la empresa también podría perder automáticamente cualquier ayuda o bonificación que estuviese recibiendo y no poder volver a solicitarlas en un período de entre 2 a 6 años.

Finalmente, recordamos que una víctima de acoso en la empresa, puede finalizar su contrato voluntariamente y percibiendo el derecho de paro que haya generado y una indemnización equivalente a la del despido improcedente.

6. Creación e implantación del Protocolo

El acoso sexual en el contexto laboral se apoya en factores organizativos, como la proporción de hombres/mujeres, la diferencia entre el tipo de tareas, la desigualdad en el acceso a puestos de importancia o un clima laboral en el que predomina la discriminación de género.

Hay compañías que deciden incluir este protocolo dentro de su Plan de Igualdad. Otras empresas prefieren elaborar un protocolo de prevención del acoso laboral y acoso laboral sexual como parte de su normativa interna y de su código de conducta, de manera que complementaria al citado plan. En otros casos, estos protocolos forman parte de la negociación colectiva y figuran en el convenio colectivo de la empresa.

Además, de acuerdo a la normativa española, el protocolo contra el acoso laboral es obligatorio, tanto en su vertiente general como en para la prevención del acoso sexual. Es obligación de la empresa tomar las medidas oportunas para asegurar la igualdad en el trabajo y evitar comportamientos violentos de cualquier índole.

6.1. Pasos a seguir en la creación de un protocolo

A la hora de implantar un protocolo contra el acoso laboral, debemos diferenciar entre empresas que tienen Plan de Igualdad y empresas que no, puesto que hay algunas diferencias entre ambas, en concreto, en lo que se refiere a su negociación, entrada en vigor, implantación, seguimiento, revisión y evaluación, así como respecto a que la investigación de la denuncia o queja de acoso la haga una comisión o una persona.

En cuanto a la negociación del protocolo contra el acoso laboral, en concreto de sus medidas para prevenir el acoso sexual y el acoso por razón de sexo en el trabajo, las empresas con planes de igualdad la llevarán a cabo dentro de la negociación del propio Plan de Igualdad, es decir, lo hará la Comisión Negociadora.

Mientras, las empresas sin Plan de Igualdad deberán negociar el protocolo contra el acoso laboral con la representación legal de las personas trabajadoras o la representación sindical (lo que corresponda).

En ambos casos, el protocolo contra el acoso laboral también debe seguir las pautas acordadas en el convenio colectivo de aplicación sobre este tema.

1. Elaboración del Protocolo. Debe incluir como mínimo los siguientes puntos:

   - ⇨ Declaración de intenciones, es decir, los motivos que llevan a la creación del Protocolo.
   - ⇨ Presentación del Protocolo y ámbito de aplicación (que en este caso será toda la empresa)
   - ⇨ Principios y garantías, es decir, cómo actuar para prevenir el acoso sexual en la empresa y cómo se controlarán los procesos para hacerlo.
   - ⇨ Medidas preventivas para evitar situaciones de acoso.
   - ⇨ Proceso y vías de actuación ante situaciones o casos de acoso sexual o por razón de sexo.
   - ⇨ Seguimiento y evaluación de las medidas.
   - ⇨ Información a la plantilla.
   - ⇨ Modelo de denuncia interna.
   - ⇨ Designar un Comité asesor o comité de prevención del acoso.
   - ⇨ Debe contar con representantes legales de los trabajadores y con la representación de la empresa (RRHH, PRL, directivos y asesores)
   - ⇨ Se regirá por un reglamento interno, aprobado por el propio comité en su primera reunión, y podrá centralizar las siguientes Competencias y responsabilidades:
     - ➤ Recibir las denuncias, quejas, sugerencias o consultas relacionadas con situaciones de acoso.
     - ➤ Investigar las denuncias de acoso que se reciban.
     - ➤ Vigilar que se mantiene y cumple con la confidencialidad del caso y de las personas implicadas.
     - ➤ Redactar un informe con la propuesta de medidas a adoptar.

- ➤ Llevar un seguimiento de las denuncias presentadas y de las acciones correctivas que se hayan llevado a cabo.
- ➤ Apoyo a la víctima si decide emprender acciones legales.
- ➤ Desarrollar un plan de formación.

2. Canal de Denuncias:

Donde se asesore y guíe a la víctima en caso de que quiera interponer una demanda por vía civil o penal.

Las denuncias formales se han de realizar por escrito en una plantilla específica disponible en todos los empleados

El Comité se encargará de valorar hechos, indicios, fuentes y otros aspectos, entrando de oficio a investigar si encuentra pruebas suficientes. Este procedimiento puede constar de varias fases:

- ⇨ Fase de investigación.
- ⇨ Fase de mediación.
- ⇨ Fase de resolución.

3. Publicación y divulgación del Protocolo (recomendaciones)

- ⇨ En la intranet de la empresa.
- ⇨ En la intranet que asegure la firma del Protocolo por todos los miembros de la empresa.
- ⇨ Mecanismo de firma inmediata del Protocolo para las nuevas incorporaciones.
- ⇨ A firmar por todas los proveedores que presten servicios a la entidad.
- ⇨ Hacer extensiva la firma de dicho Protocolo a los empleados y empleadas de las empresas proveedoras de servicios.
- ⇨ Publicar el Protocolo en una categoría específica de la web corporativa, a fin de hacerlo público y fomentar una imagen de transparencia, responsabilidad ética y defensa de la igualdad en la empresa.

6.2. Designación de la comisión instructora o de la persona instructora

Todo protocolo contra el acoso laboral por razón de sexo y el acoso sexual en el trabajo deberá tener designada una comisión instructora o una persona instructora para recibir las denuncias o quejas por acoso y dar inicio al procedimiento.

Se designará a una comisión instructora que estará formada por tres personas (más un suplente) en empresas que cuenten con más de 50 trabajadores, es decir, en aquellas empresas que deben tener un plan de igualdad. Esta comisión instructora será designada por la Comisión encargada del Plan de Igualdad dentro del proceso que se llevará a cabo de negociación del plan de igualdad.

En las empresas con menos de 50 trabajadores que carezcan de plan de igualdad, se deberá designar una persona instructora (más un suplente), que será designada durante el proceso de negociación del protocolo contra el acoso laboral.

De acuerdo al manual publicado por el Ministerio de Igualdad, tanto la comisión instructora como la persona instructora serán fijas durante todo el período para el que hayan sido designadas. En el caso de la comisión instructora, ese período son 4 años. Para la persona instructora no se especifica duración mínima o máxima.

En cuanto quiénes pueden formar parte de la comisión instructora o ser la persona instructora, se recomienda que sean miembros de recursos humanos (si la empresa cuenta con este departamento).

Es importante señalar que, para asegurar la imparcialidad necesaria en el proceso, en el caso de que algún miembro de la comisión instructora o la persona instructora tengan algún tipo de relación con víctima o denunciado (consanguinidad, amistad íntima o enemistad manifiesta, etc.), deberá abstenerse de actuar y comunicárselo a la empresa para ser sustituido. Si no lo hiciera, las personas afectadas por el procedimiento podrán pedir su recusación.

6.3. Principios rectores del protocolo de prevención y actuación frente al acoso sexual y el acoso por razón de sexo

Reiterando, el protocolo de prevención y actuación frente al acoso sexual y/o por razón de sexo contemplará, en todo caso:

1. Declaración de principios, definición de acoso sexual y/o por razón de sexo e identificación de conductas que pudieran ser constitutivas o sensibles de acoso.

2. Procedimiento de actuación frente al acoso para dar cauce a las quejas o denuncias que pudieran producirse y medidas cautelares y/o correctivas aplicables.

3. Identificación de las medidas reactivas frente al acoso y, en su caso, el régimen disciplinario.

Además, el procedimiento se regirá por los siguientes principios, que deberán ser observados en todo momento:

a) Prevención y sensibilización del acoso sexual y/o por razón de sexo. Información y accesibilidad de los procedimientos y medidas.

b) Confidencialidad y respeto a la intimidad y dignidad de las personas afectadas.

c) Respeto al principio de presunción de inocencia de la supuesta persona acosadora.

d) Prohibición de represalias de la supuesta víctima o personas que apoyen la denuncia o denuncien supuestos de acoso sexual y/o por razón de sexo.

e) Diligencia, celeridad, seguridad, coordinación y colaboración en el procedimiento.

f) Garantía de los derechos laborales y de protección social de las víctimas.

g) Garantía de actuación adoptando las medidas necesarias, incluidas en su caso, las de carácter disciplinario, contra la persona o personas cuyas conductas de acoso resulten probadas.

h) Investigación exhaustiva de los hechos, confidencial y basada en los principios de contradicción y oralidad, que se resolverá tras escuchar a las personas afectadas y garantizando la imparcialidad de cualquier actuación.

i) Resarcimiento a la persona acosada y protección de su salud psicológica y física.

j) Enfoque de género y derechos humanos en todo el procedimiento.

7. Modelos de Protocolo

En las siguientes unidades, vamos a ver, en base a lo expuesto en las unidades anteriores, y a una introducción al inicio de cada unidad, la redacción real de un Protocolo -plantilla que pueda servir de base para cualquier entidad que necesite redactarlo.

Vamos a utilizar tres modelos; el contenido en el Plan de Igualdad del Excmo. Ayuntamiento de Zaragoza 2016, el contenido en Protocolo para la prevención y actuación frente al acoso sexual, acoso por razón de sexo en el ámbito laboral, elaborado por la Subdirección General para el Emprendimiento, la Igualdad en la Empresa y la Negociación Colectiva y editado por el Instituto de las Mujeres; y la Guía para la elaboración e implantación de un protocolo de acoso en la empresa, desarrollado por el gabinete de Prevención de riesgos Laborales de la CEM (Confederación de empresarios de Málaga) con la financiación de la Fundación Estatal para la Prevención de Riesgos Laborales, aunque fundamentalmente estos dos últimos.

Los índices de estos tres modelos son los siguientes:

7.1. Índice modelo: Excmo. Ayuntamiento de Zaragoza

1. Ddeclaración de principios

2. Normativa

3. Alcance

4. Definiciones

5. Medidas preventivas
6. Garantias en el desarrollo del procedimiento
7. Ffiguras garantes del procedimiento
8. Procedimiento de actuación
9. Seguimiento y evaluación

7.2. Índice modelo: Guia para la elaboración e implantación de un protocolo de acoso en la empresa

1. Declaración de principios
2. Objetivos del presente protocolo
3. Ámbito de aplicación
4. Exclusiones
5. Medidas de prevención
6. Acoso sexual
7. Acoso sexual y acoso por razon de sexo
8. Procedimiento de actuación en caso de denuncia por acoso
9. Revisiones
10. Publicidad y entrAda en vigor

Modelos de documentos

Modelo compromiso

Modelo código de conductas

Modelo funciones preventivas responsables y mandos intermedios

Modelo comunicado a los trabajadores

Diario de incidentes

Anexo I: modelo denuncia por acoso

7.3. Índice modelo: Protocolo para la prevención y actuación frente al acoso sexual, acoso por razon de sexo en el ámbito laboral

1. Compromiso de (nombre de la empresa) en la gestión del acoso sexual y/o por razón de sexo.
2. Características y etapas del protocolo de prevención y actuación frente al acoso sexual y/o acoso por razón de sexo.
   - 2.1. La tutela preventiva frente al acoso.
     - 2.1.1. Declaración de principios: Tolerancia cero ante conductas constitutivas de acoso sexual y acoso por razón de sexo.
     - 2.1.2. Concepto y conductas constitutivas de acoso sexual y acoso por razón de sexo.
       - 2.1.2.1. Definición y conductas constitutivas de acoso sexual.
       - 2.1.2.2. Definición y conductas constitutivas de acoso por razón de sexo.
   - 2.2. El procedimiento de actuación.
     - 2.2.1. Determinación de la comisión instructora.
     - 2.2.2. El inicio del procedimiento: La queja o denuncia.
     - 2.2.3. La fase preliminar o procedimiento informal.
     - 2.2.4. El expediente informativo o procedimiento formal.
     - 2.2.5. La resolución del expediente de acoso.
     - 2.2.6. Seguimiento.
3. Duración, obligatoriedad de cumplimiento y entrada en vigor.
4. Modelo de queja o denuncia.

SI la empresa carece de Plan de Igualdad (obligatorio para las empresas de más de 50 trabajadores, el procedimiento de actuación (punto 2.2.) se simplifica quedando así:

2.2. El procedimiento de actuación.

2.2.1. Presentación de la queja, activación del protocolo y tramitación del expediente administrativo.

2.2.2. La resolución del expediente de acoso.

2.2.3. Seguimiento.

Resumen

- La Ley Orgánica 3/2007 para la igualdad efectiva de mujeres y hombres, ha establecido como obligatorio para todas las empresas la elaboración de un Protocolo de prevención del acoso sexual o por razón de sexo.

- La Ley Orgánica 3/2007 para la igualdad efectiva de mujeres y hombres, ha establecido como obligatorio para todas las empresas la elaboración de un Protocolo de prevención del acoso sexual o por razón de sexo.

- El acoso sexual consiste en cualquier comportamiento de índole sexual cuyo objetivo sea atentar contra la dignidad de una persona, especialmente cuando dicha actitud crea un marco ofensivo, degradante e intimidatorio para la víctima. La diferencia entre acoso laboral y acoso sexual es que en el segundo caso existe una motivación sexual. Por otra parte, la diferencia entre acoso sexual y acoso sexual laboral es que el segundo debe haberse producido dentro del entorno de trabajo.

- El Protocolo supone establecer políticas que contribuyan a mantener unos entornos laborales libres de acoso y discriminación ilícita y, a garantizar que sí se produjeran, se dispone de un protocolo de actuación y se conocen los procedimientos adecuados para tratar el problema y corregirlo.

- Las sanciones que pueden imponerse a las empresas por no tener un protocolo en contra de la violencia laboral y el acoso sexual o por razón de sexo varían en función de la gravedad de la infracción. De acuerdo a la Ley de Infracciones y Sanciones, estas quedarían así: Multas de 7.501 a 30.000 euros para infracciones leves; Multas de 30.001 a 120.005 euros para infracciones graves; Multas de 120.006 a 225.018 euros para infracciones muy graves.

- Hay compañías que deciden incluir este protocolo dentro de su Plan de Igualdad. Otras empresas prefieren elaborar un protocolo de prevención del acoso laboral y acoso laboral sexual como parte de su normativa interna y de su código de conducta, de manera que complementaria al citado plan. En otros casos, estos protocolos forman parte de la negociación colectiva y figuran en el convenio colectivo de la empresa.

- ⇨ A la hora de implantar un protocolo contra el acoso laboral, debemos diferenciar entre empresas que tienen Plan de Igualdad y empresas que no, puesto que hay algunas diferencias entre ambas, en concreto, en lo que se refiere a su negociación, entrada en vigor, implantación, seguimiento, revisión y evaluación, así como respecto a que la investigación de la denuncia o queja de acoso la haga una comisión o una persona.
- ⇨ Reiterando, el protocolo de prevención y actuación frente al acoso sexual y/o por razón de sexo contemplará, en todo caso:
  - Declaración de principios, definición de acoso sexual y/o por razón de sexo e identificación de conductas que pudieran ser constitutivas de acoso.
  - Procedimiento de actuación frente al acoso para dar cauce a las quejas o denuncias que pudieran producirse y medidas cautelares y/o correctivas aplicables.
  - Identificación de las medidas reactivas frente al acoso y, en su caso, el régimen disciplinario.

AUTOEVALUACIÓN

1. Es obligatorio un Protocolo de Acoso Laboral en la empresa:
   - **A.** No.
   - **B.** Cuando la plantilla media es superior a 50 trabajadores.
   - **C.** SÍ.

2. Una investigación garantista implica:
   - **A.** Confidencialidad, agilidad, objetividad.
   - **B.** Contradicción, presunción de inocencia.
   - **C.** Ambas respuestas son correctas.

3. El acoso puede acarrear en la salud de la víctima:
   - **A.** Ansiedad-estrés, depresión, trastornos del sueño, ganas de ir al cine, etc.
   - **B.** Ansiedad-estrés, depresión, trastornos del sueño, dolores de cabeza, trastornos gastrointestinales, etc.
   - **C.** Ansiedad-estrés, depresión, trastornos del sueño, picor en el pie derecho.

4. Las sanciones que pueden imponerse a las empresas por no tener un Protocolo, en caso de infracciones muy graves quedaría así:
   - **A.** 50.006 a 180.015 €.
   - **B.** 120.006 a 225.018 €.
   - **C.** 101.006 a 499.999 €.

5. Las empresas sin Plan de Igualdad deberán negociar el Protocolo contra el acoso laboral con:
   - **A.** Otra empresa que lo tenga.
   - **B.** La representación legal de los trabajadores o la representación sindical.
   - **C.** La Constitución de 1978.

6. El procedimiento de investigación puede constar de varias fases:
   - **A.** Investigación, Mediación y Resolución.
   - **B.** Investigación, Sanción y Resolución.
   - **C.** Investigación, Mediación y Despido.

Glosario

Acción

Movimiento, ejercicio. Fuerza ejercida por un cuerpo sobre otro. En el ámbito del deporte equivale a acción física.

Acciones positivas

Medidas específicas y de carácter temporal, a favor de las mujeres, para corregir situaciones patentes de desigualdad de hecho respecto de los hombres, con el fin de hacer efectivo el derecho constitucional de la igualdad. Tales acciones, que serán aplicables en tanto subsistan dichas situaciones, habrán de ser razonables y proporcionadas en relación con el objetivo perseguido en cada caso. (LOIEMH, Art. 11).

Afectividad

Conjunto de los fenómenos afectivos, incluye la capacidad de sentir placer y dolor, emociones, pasiones e inclinaciones. La intencionalidad a nivel social conlleva el que las mujeres se manifiesten en la esfera de los sentimientos, ya que la acción se reserva a los hombres. En la vida práctica, esto se traduce en una mayor permisividad para que las mujeres expresen sus emociones y sentimientos, incluso en público: llorar, gemir, sonreír, besar o abrazar se consideran actitudes femeninas que el hombre tolera porque forman parte de la debilidad de las mujeres. El montaje es hacer ver que la afectividad es espontánea y natural en las mujeres y que gracias a ella queda asegurado el cuidado de las personas.

Abuso sexual

Hacer uso indebido o excesivo de algo o de alguien en contra de su libertad sexual.

Acoso por razón de sexo

Cualquier comportamiento realizado en función del sexo de una persona, con el propósito o el efecto de atentar contra su dignidad y de crear un entorno intimidatorio, degradante u ofensivo. (LOIEMH, Art. 7).

Acoso sexual

Cualquier comportamiento, verbal o físico, de naturaleza sexual que tenga el propósito o produzca el efecto de atentar contra la dignidad de una persona, en particular cuando se crea un entorno intimidatorio, degradante u ofensivo. (LOIEMH, Art. 7) Hostigamiento, asedio, presión ejercida por una persona frecuentemente desde una posición de poder a otras en una posición subordinada, por medio de insinuaciones y propuestas de tipo sexual que pueden llegar a provocar en la víctima angustia mental y efectos perjudiciales en el ambiente laboral y educativo, afectando el desempeño y cumplimiento, así como el bienestar personal.

Actitud

Organización duradera de creencias y cogniciones, dotada de una carga afectiva a favor o en contra de un objeto definido, que predispone a una acción coherente con las cogniciones y afectos relativos a dicho objeto. Las actitudes son consideradas variables intercurrentes, al no ser observables directamente pero estar sujetas a inferencias observables.

Actitudes sexistas

Aquellas que establecen valoraciones diferentes respecto a las características de hombres y mujeres y que tienden a reforzar los estereotipos de género.

Agentes de socialización

Grupos que enseñan a ser sociales. Desde nuestro nacimiento, determinados grupos nos van enseñando los comportamientos que son propios y aceptados por nuestra cultura. Dos de estos grupos son esenciales: la familia y la escuela. Ambos constituyen los agentes tradicionales básicos de la socialización. Tenemos que mencionar que la familia y la escuela no son los únicos agentes que socializan, también tienen un importante papel los grupos de amigos y compañeros de trabajo, cuya intervención tiene lugar cuando el proceso está ya en una fase relativamente avanzada, y los medios de comunicación social que, actualmente, se consideran como el tercer agente básico de socialización, junto con la familia y la escuela. Se puede decir que la sociedad total es el agente de socialización y que cada persona con quien se entra en contacto es en cierto modo un agente de socialización.

Ama de casa

Mujer que trabaja gratuitamente y sin reglamentación horaria para la familia, dedicada al cuidado de los hijos e hijas y las personas mayores, a la compra y preparación de los alimentos y la limpieza general del hogar.

Ámbito afectivo

Dominio de intervención que hace referencia a aspectos relacionados con las emociones y los sentimientos, como las actitudes, los valores y las normas sociales.

Ámbito cognitivo o cognoscitivo

Dominio de intervención que hace referencia a la evocación de conocimientos y al desarrollo de habilidades intelectuales.

Ámbito psicomotor o psicomotriz

Dominio de intervención que hace referencia a las habilidades y destrezas con manifestación motriz.

Ámbito productivo y ámbito reproductivo

El ámbito productivo es el lugar en el que se desarrolla la actividad productiva de la economía cuyos frutos tienen un determinado valor de cambio. Es un espacio de producción opuesto radicalmente al ámbito reproductivo, no productivo, en el que se incluye todo lo referido a la reproducción de las personas, al cuidado de los demás y a la vida domestica, con un valor, por lo tanto, de uso y al margen de la economía formal. En la visión androcéntrica del mundo, el ámbito productivo corresponde a los hombres y el ámbito reproductivo a las mujeres. Estos campos reciben distinta valoración social: de reconocimiento y prestigio, en el caso del ámbito productivo, y de desprestigio y minusvaloración en el caso del ámbito reproductivo.

Análisis de género

Identifica, analiza e informa acciones para abordar desigualdades en los roles distintos de mujeres y hombres, las relaciones desiguales de poder entre ellos y las consecuencias de estas desigualdades sobre sus vidas, su salud su bienestar.

Androcentrismo

Percepción de la realidad a través de las figuras masculinas y de sus intereses. El androcentrismo consiste en un sesgo en la percepción del mundo que se traduce en considerar a los hombres como sujetos de referencia y a las mujeres como seres secundarios, dependientes o que viven en función de ellos. Casi toda la historia es androcéntrica. En un ejemplo de Vicent Marqués, se es androcéntrico «cuando se le ocurre decirles a dos o tres mujeres juntas que mantienen una animada charla: ¿qué hacéis tan solitas?».

Aptitud

Capacidades cognitivas y procesos como características emocionales y de personalidad. Hay que destacar también que la aptitud está estrechamente relacionada con la inteligencia y con las habilidades tanto innatas como adquiridas fruto de un proceso de aprendizaje.

Asertividad

Capacidad de hacer valer la propia opinión delante de otras personas sin herir sensibilidades. Ser asertiva consiste en ser capaz de plantear y defender un argumento, una reclamación o una postura desde una actitud de confianza en sí misma, aunque contradiga lo que dicen otras personas, lo que hacen todos o lo que se supone que es correcto. Como estilo comunicativo, las personas asertivas se distinguen de las comunicadoras pasivas y de las agresivas. No tienen miedo a defender sus opiniones o intentar influenciar en otras personas, respetando siempre los límites de los demás e intentando aprender de las otras opiniones.

Autoconcepto

Se refiere al conocimiento que una persona tiene de sí misma.

Autoestima

Sentimiento valorativo de nuestro ser, de nuestra manera de ser, de quiénes somos, del conjunto de rasgos corporales, mentales y espirituales que configuran nuestra personalidad. La autoestima implica la autoconciencia, la autoaceptación, la autorresponsabilidad, la autoafirmación, la determinación y la integridad personal. Es la propia estimación. La autoestima de la mujer consiste en estar en disposición verse a ellas mismas como seres capaces de afrontar los desafíos básicos de la vida y como personas merecedoras de felicidad.

Autoidentidad

iIntegrar la complejidad de nuestro ser; ser uno mismo o una misma, y no lo que quieren los demás.

Autonomía

Capacidad para tomar decisiones y elegir normas para uno mismo sin influencia de presiones externas o internas.

Autosuficiencia

No ser no dependiente, bastarse a sí mismo.

Barreras invisibles

Obstáculos no explícitos que dificultan alguna acción. Las tradiciones y la cultura generan muchas de ellas para las mujeres.

Brecha salarial

Diferencia porcentual entre los salarios medios de hombres y mujeres.

Comisión de igualdad

Equipo de trabajo constituido en el seno de la empresa, responsable de impulsar la elaboración, el desarrollo y el seguimiento del Plan de Igualdad, que tiene carácter paritario en cuanto a presencia de representantes de la dirección y representantes de la plantilla.

Cambio de actitud

Proceso en el que se trasforman actitudes en orden a mejorarlas y enriquecerlas.

Capacidades profesionales

Todas las dimensiones de la profesionalidad en cuanto a capacidades técnicas, capacidad organizativa, de relación con el entorno y de respuesta a contingencias.

Ciberfeminismo

Manejo y uso de las nuevas tecnologías para la difusión del feminismo y la creación de redes feministas.

Ciudadanía

Para la teoría política feminista es importante lograr que trasciendan en este concepto las particularidades y diferencias de las mujeres, sus experiencias, perspectivas e intereses propios.

Coeducación

Proceso de intervención educativa, consciente e intencionado, que parte del respeto y el reconocimiento de dos sexos diferentes, para potenciar una educación integral y un desarrollo personal integrador de niños y niñas desde la plena igualdad. Acción de educar partiendo del hecho de la diferencia de sexo, pero sin tener en cuenta los papeles que se les exige cumplir desde una sociedad sexista.

Conciencia de género

Capacidad que permite saber y experimentar que los hombres y las mujeres tenemos diferencias biológicas, necesidades y expectativas diferentes y un proceso de socialización que diferencia nuestros roles tanto a nivel privado como público.

Conciliación de la vida laboral, personal y familiar

Estrategia que se dirige a hacer compatibles la vida laboral, familiar y personal para lograr un equilibrio en la vida de las personas y responder a sus necesidades en estos tres aspectos, permitiendo la satisfacción, el disfrute y el aprovechamiento de los mismos.

Condicionantes sociales

Todas las variables sociológicas que determinan el proceso de socialización, tales como edad, sexo, raza, religión, nivel económico, cultural o clase socialización.

Constructos

Construcción teórica hipotética; un concepto operacional de aprehensión inmediata que hace referencia a entidades o cualidades no observables o detectables directamente, por ejemplo, la personalidad.

Contenido

Todo lo que, intencionada o insconcientemente, es objeto de aprendizaje en un espacio educativo-formativo. Los contenidos están compuestos por los elementos intelectuales, los procedimientos y las actitudes.

Contenidos actitudinales

Contenidos referidos a normas y valores que proporcionan el saber ser y el saber estar.

Contenidos conceptuales

Contenidos teóricos que conforman un saber, referidos a principios, teorías, hechos, leyes, etc.

Contenidos formativos

Conjunto de conocimientos teóricos, prácticos y de profesionalidad, derivados del análisis del perfil profesional y que, organizados pedagógicamente, y a través de un proceso de aprendizaje, permitirán la adquisición de las competencias profesionales correspondientes.

Contenidos procedimentales

Referidos a la utilización organizada del conocimiento, conforman el saber hacer.

Contenidos profesionales

Conocimientos, tanto teóricos como prácticos que unidos a aspectos de profesionalidad constituyen la base fundamental que permite la capacitación del trabajador.

Contrato social

Actual reivindicación feminista de un nuevo contrato social entre hombres y mujeres para conseguir la igualdad y corresponsabilidad: compartir el trabajo doméstico y las responsabilidades familiares, compartir el trabajo remunerado y compartir el poder y la toma de decisiones.

Control

Comprobación, inspección, intervención; dirección, mando, regulación.

Corresponsabilidad

En relación con la conciliación, se refiere a compartir responsabilidades en el ámbito familiar y doméstico.

Corresponsabilidad doméstica

Situación que permite la distribución equitativa de las responsabilidades domésticas, especialmente entre hombres y mujeres.

Crítica continuada

Acción de censurar las acciones o la conducta de uno, o de hacer notarlos defectos de una cosa de forma incesante.

Culpa

Responsabilidad, causa de un suceso o acción imputable a una persona

Cuotas

Reparto equilibrado de los espacios y las responsabilidades en participación para que, tanto hombres como mujeres, estén equitativamente representados y representadas.

Datos desagregados por sexo

Recogida y desglose de datos y de información estadística por sexo, lo que permite un análisis comparativo en cualquier cuestión, teniendo en cuenta las especificidades del género.

Delito o falta

Acciones y omisiones dolosas o imprudentes penadas por la ley.

Democracia paritaria

Representación equitativa de hombres y mujeres en los lugares de toma de decisión y representación políticas (entre el 60 % y 40 %).

Denuncia

Acción de denunciar. Notificación a la autoridad competente de una violación de la ley penal, perseguible de oficio. Documento en que consta dicha notificación.

Dependencia

Hecho de depender de una persona o cosa. Estado mental y físico patológico en el que se necesita un determinado estímulo para poder lograr una sensación de bienestar.

Derechos reproductivos

Aquellos que tienen las mujeres y los hombres para poder obtener información y libre acceso a los métodos anticonceptivos, las mujeres a recibir un seguimiento adecuado durante el embarazo y a la atención personalizada durante y después del parto (Palabras para la Igualdad. Biblioteca Básica Vecinal).

Determinismo biológico

Teoría científica que sostiene que las diferencias entre los sexos, a cualquier nivel (social, cultural, político, familiar...) son de carácter biológico y por tanto naturales. Discrimina y subordina a las mujeres.

Día Internacional de la Mujer

8 de marzo. Pretende visibilizar y reivindicar los espacios de la mujer a todos los niveles y reconocer su importancia y presencia a lo largo de la historia de la humanidad.

Diagnóstico de igualdad

Estudio de la estructura organizativa de la empresa con el objetivo de saber el grado de cumplimiento del principio de igualdad. El diagnóstico debe incluir información sobre los elementos que pueden generar discriminaciones en la empresa (humanos, económicos, materiales, de organización, etc.) y de los recursos disponibles en la empresa para plantear el cambio.

Directivas sobre igualdad de género

Amplían y desarrollan el alcance del principio de igualdad de trato recogido en los tratados constitutivos de la Unión Europea.

Discriminación

Trato desfavorable concedido a una persona en función de su pertenencia a un grupo concreto (raza, religión, ideología, sexo) sin respetar su estatus de persona.

Discriminación por razón de sexo

Trato desigual a un sexo con respecto al otro. Es una situación de desigualdad que puede darse de forma explícita o implícita. Históricamente, este tipo de discriminación se ha centrado en las mujeres, quienes se han visto supeditadas a los hombres tanto de hecho como de derecho.

Discriminación directa por razón de sexo

Situación en la que se encuentra una persona que sea, haya sido o pudiera ser tratada, en atención a su sexo, de manera menos favorable que otra en situación comparable. (LOIEMH, Art.6.1). Discriminación directa es toda forma de tratamiento —acto u omisión— con resultado perjudicial, que tiene como condicionante abierto o manifiesto la causa de discriminación que se intenta erradicar por la normativa de tutela antidiscriminatoria.

Discriminación indirecta por razón de sexo

Situación en la que una disposición, criterio o práctica aparentemente neutros ponen a personas de un sexo en desventaja particular con respecto a personas del otro, salvo que dicha disposición, criterio o práctica, puedan justificarse objetivamente en atención a una finalidad legítima y que los medios para alcanzar dicha finalidad sean necesarios y adecuados. (LOIEMH, Art. 6.2).

Discriminación de género

Situación que de manera sistemática margina a las mujeres impidiendo el desarrollo de sus derechos y dificultando su acceso a la igualdad de oportunidades. Es consecuencia de una cultura patriarcal.

Discriminación de género competitiva

Actitud sexista que no reconoce a las mujeres las cualidades y características necesarias para intervenir en el ámbito público.

Discriminación de género complementaria

Actitud sexista no explícita que considera a la mujer un complemento del hombre, adjudicándole unas características exclusivamente maternales y cuidadoras.

Discriminación salarial

Es la parte de la diferencia salarial que no puede justificarse por razones distintas al sexo de la persona ocupada.

Discriminación positiva

Para la UE los conceptos de acción positiva y discriminación positiva son sinónimos y se utilizan de forma indistinta. Constituye una forma o instrumento de acción positiva especialmente incisiva que consiste en una medida diferenciadora encaminada a privilegiar a quienes pertenecen a un grupo desfavorecido, es decir, en situación de discriminación adversa.

Día internacional contra la violencia hacia las mujeres

25 de noviembre. Día de conmemoración y homenaje a las mujeres víctimas de la violencia, las violaciones y los abusos y acosos contra ellas.

Diversidad

Variedad de valores, actitudes, perspectivas culturales, creencias, procedencias étnicas, orientación sexual, competencias, conocimiento y experiencias de vidas de las personas de un grupo de pertenencia determinado.

División sexual del trabajo

Asignación de trabajos y roles a partir de las diferencias sexuales.

Doble jornada

Se refiere a las mujeres que tienen un puesto de trabajo fuera de casa y que, además, asumen casi en solitario las responsabilidades familiares y domésticas, lo que las limita a la hora de competir en términos de igualdad con el hombre en el mercado de trabajo.

Educación afectivo sexual

Intervención planificada y orientada hacia el desarrollo de unas relaciones afectivas y sexuales conscientes y responsables que permitan un mejor desarrollo integral de la persona.

Ecofeminismo

Movimiento que relaciona la discriminación y opresión de la mujer con el deterioro y explotación de la naturaleza como una consecuencia del orden patriarcal. En 1974 se adopta por primera vez este término para representar el potencial de las mujeres para encabezar una revolución ecológica que conlleve nuevas relaciones entre mujeres y hombres y una relación distinta entre los seres humanos y la naturaleza. Este ecofeminismo inicial ha evolucionado en tendencias distintas:

- ⇨ Ecofeminismo radical: destaca las conexiones históricas, biológicas y sociales entre la naturaleza y las mujeres.
- ⇨ Ecofeminismo liberal: basado en el feminismo de la igualdad y la teoría conservacionista de la naturaleza.
- ⇨ Ecofeminismo socialista: considera que los problemas medioambientales son intrínsecos al patriarcado y al capitalismo.

Educación no sexista

Modelo educativo basado en la no discriminación por razón de sexo. Posibilita el logro de la igualdad de oportunidades.

Eje temático transversal

Contenido formado por un conjunto de conocimientos conceptuales, procedimentales y actitudinales. Como principio metodológico para la programación es un eje integrado en la concepción y desarrollo del currículum de forma continua y con un carácter globalizador y funcional.

Empatía

Capacidad de revivir las vivencias de otras personas, especialmente su estado emocional, de ponerse en su lugar.

Empleo/trabajo remunerado irregular y precario

Empleo ocasional y generalmente no regido por un contrato formal, ni reglamento salarial o de protección social.

Empoderamiento

Término acuñado en la Conferencia Mundial de las Mujeres en Beijing para referirse al aumento de participación de las mujeres en los procesos de toma de decisiones y acceso al poder. Conlleva conceder poder a un colectivo desfavorecido socioeconómicamente para que, mediante su autogestión, mejore sus condiciones de vida. Referido a las mujeres, da valor a su labor y potencia su papel social. Esta expresión también comporta otra dimensión: la toma de conciencia del poder que individual y colectivamente ostentan las mujeres y que tiene que ver con la recuperación de la propia dignidad de las mujeres como personas, con el crecimiento de la autoestima, la autonomía personal y la adquisición de poder, lo que garantiza la participación en contextos económicos, sociales y políticos.

Marcela Lagarde (2007) define empoderamiento como el proceso de transformación mediante el cual cada mujer, poco a poco, o a pasos gigantes, deja de ser objeto de la historia, la política y la cultura, deja de ser objeto de los otros y se convierte en sujeto de su propia vida, en protagonista de la historia, la cultura, la política y la vida social. Dicho de otra forma, es un proceso a través del cual cada mujer se faculta, se habilita y desarrolla la conciencia de tener derecho a tener derechos y a confiar en la propia capacidad para conseguir sus propósitos. Este proceso se hace necesario si se tiene en cuenta la constante desautorización de las mujeres y las dificultades con que se encuentran para poder capacitarse y sentirse valoradas y reconocidas.

Enfoque de género

Una manera sistemática de explorar las normas, roles y responsabilidades actuales y potenciales de mujeres y hombres, y su acceso y control sobre recursos y beneficios dentro de cualquier situación. Identifica, analiza e informa acciones para abordar desigualdades que surgen de los roles distintos de mujeres y hombres, las relaciones desiguales de poder entre ellos y las consecuencias de estas desigualdades en sus vidas, su salud y su bienestar.

Equidad

Imparcialidad; proceso de ser justo. Mientras la igualdad es un concepto empírico, la equidad representa un imperativo de carácter ético asociado con principios de justicia social y derechos humanos Debe darse en los ámbitos laboral, étnico, político, religioso, social y de género.

Equivalencia

Principio ético según el cual cada ser vale lo mismo y siempre.

Equidistancia

Principio ético que refiere la misma distancia de ti para mí, que de mí para ti, entre todos los polos de una relación.

Equifonía

Principio ético, según el cual mi palabra y tu palabra son legitimas.

Equipotencia

Principio que reconoce el poder de las mujeres.

Estereotipo

Creencias populares sobre los atributos que caracterizan a una categoría social y sobre los que hay un acuerdo sustancial. Con el término estereotipo se alude a un juicio que se fundamenta en una idea preconcebida, por tanto, el estereotipo es un prejuicio, una opinión que se superpone y se impone sobre un determinado colectivo. El estereotipo tiene una fuerte carga emocional, expresa los sentimientos y la opinión de una persona respecto de otras. El hecho de que los estereotipos estén cargados con tintes emocionales dificulta las acciones orientadas a extinguirlos o modificarlos. Al no tratarse de ideas puramente racionales, las consideraciones de tipo intelectual no resultan demasiado eficaces. Los estereotipos suelen apoyarse en conductas, con frecuencia superadas, transmitidas de una generación a otra.

Estereotipos de género

Criterios y opiniones preconcebidas que adjudican valores y conductas a las personas en función de su sexo y que determinan modelos de conducta.

Estereotipo sexual

Conjunto de caracteres, actitudes, necesidades y conductas que socialmente se atribuyen a cada sexo. Los estereotipos sexuales fijan un modelo de ser hombre y un modelo de ser mujer, validados socialmente y que, a partir de esa visión tópica construida, establecen un sistema desigual de relaciones entre ambos sexos y de cada uno de ellos con el mundo.

Evaluación del impacto en función del género

Examen de las propuestas políticas para analizar si afectarán a las mujeres de forma diferente que a los hombres, al objeto de adaptarlas para neutralizar los efectos discriminatorios y fomentar la igualdad entre hombres y mujeres.

Evaluación global teniendo en cuenta el género

Control de cualquier propuesta de política para verificar que se haya evitado sus posibles efectos discriminatorios y que se promueva la igualdad.

Expectativas

Anticipo y, al mismo tiempo, actualización de un acontecimiento futuro. Se basa siempre en experiencias anteriores, pero posee siempre una cierta tensión de incertidumbre (tensión de expectativas).

Femenino

Característica o adjetivo que se asigna a todo lo relativo a las mujeres.

Feminicidio o femicidio

Asesinato de mujeres por razones asociadas con la desigualdad de género (Jill Radford y Diana Russell).

Feminidad

Circunstancias o caracteres naturales o adquiridos que distinguen o le son asignadas a las mujeres.

Feminismo

Movimiento social, político, filosófico, económico, científico y cultural que denuncia, desvela y transgrede el sistema social imperante: el patriarcado. Su objetivo es la igualdad de oportunidades entre hombres y mujeres.

Feminista

Persona perteneciente o de acuerdo con el movimiento y el pensamiento feminista, que tiene conciencia de la desigualdad en que viven las mujeres y lucha por conseguir otras circunstancias y situaciones para ellas.

Feminización de la pobreza

Reconocimiento de que la situación de la mujer en el mundo la coloca en situación de sufrir más cercanamente las situaciones de desfavorecimiento social y económico, así como la vulnerabilidad ante cualquier situación.

Género

Construcción simbólica que alude al conjunto de atributos socioculturales asignados a las personas a partir del sexo y que convierten la diferencia sexual en desigualdad social. Concepto que hace referencia a las diferencias sociales (por oposición a las biológicas-sexo) entre hombres y mujeres y que han sido aprendidas, cambian con el tiempo y presentan grandes variaciones entre diversas culturas e incluso dentro de una misma cultura.

Género/sexo, en sentido sociológico

Concepto que hace referencia a las diferencias sociales (por oposición a las biológicas) entre hombres y mujeres que han sido aprendidas, cambian con el tiempo y presentan grandes variaciones tanto entre diversas culturas como dentro de una misma cultura.

Habilidades sociales

Todas aquellas habilidades que se desarrollan y se ponen en juego en el transcurso de las interacciones personales. Son habilidades relacionadas con la comunicación, el tratamiento de la información, el respeto mutuo y la cooperación.

Heterosexual

Persona que se caracteriza por su atracción sexual o amorosa por personas del sexo opuesto.

Heterocentrismo

Pensamiento o ideología que establece que la heterosexualidad es la única opción sexual sana y aceptable socialmente.

Hombre

Individuo de la especie humana del sexo masculino. Filogenética y ontogenéticamente procede de la mujer.

Homofobia

Actitud de discriminación, aversión o miedo hacia personas homosexuales o transexuales.

Homosexualidad

Orientación del deseo sexual hacia personas del mismo sexo.

Indicadores de coeducación

Criterios que permiten evaluar las acciones coeducativas y sus resultados en la puesta en marcha.

Interacción social

Influjo reciproco de las personas dentro del grupo y de los grupos entre sí, con los cambios de conducta, actitudes u opiniones que de ellos de derivan.

Identidad de género

Identificación de la persona de acuerdo a los comportamientos, valores o actitudes asociados culturalmente a uno de los géneros.

Identidad sexual

Sentimiento de pertenencia a uno de los sexos, independientemente de la orientación del deseo o de las conductas.

Igualdad

Reconocimiento de que ambos sexos tienen derecho a las mismas oportunidades y derechos.

Igualdad formal o legal

La reconocida a nivel jurídico que ofrece un igual tratamiento a mujeres y hombres.

Igualdad real

Se refiere a la necesidad de fomentar las políticas de igualdad de oportunidades y luchar contra las discriminaciones por razón de sexo.

Igualdad de trato

Ausencia de toda discriminación, directa o indirecta, en lo que se refiere al empleo, a la formación profesional y a las condiciones de trabajo

Igualdad efectiva

Ausencia de toda discriminación, directa o indirecta, por razón de sexo, y especialmente las derivadas de la maternidad, la asunción de obligaciones familiares y el estado civil

Igualdad de oportunidades

Situación en que todos los seres humanos son libres de desarrollar sus capacidades personales y de tomar decisiones, sin las limitaciones impuestas por los roles tradicionales, y en la que se tienen en cuenta, valoran y potencian por igual las conductas, aspiraciones y necesidades de hombres y mujeres.

Igualdad efectiva

Ausencia real de barreras que limitan las oportunidades de una persona en función de su sexo. Supone que las mujeres no encuentren limitaciones que los hombres no tienen.

Impacto de género

Identificación y valoración de los resultados y efectos de una norma o una política en uno y otro sexo, con objeto de evitar sus posibles efectos discriminatorios.

Indicador de género

Aquel que sirve específicamente para recoger información sobre el estatus y actividades de las mujeres en relación a los hombres, es decir, permite detectar si existe una situación de desequilibrio entre ambos sexos y señala si determinada intervención ha logrado los resultados previstos en materia de igualdad de oportunidades entre mujeres y hombres.

Invisibilización

En el ámbito de género, supone que pasen desapercibidos todos los logros y aportaciones de la mujer a lo largo de la historia. Se ignoran sus conocimientos y sus obras.

Lenguaje sexista

Uso del masculino genérico que omite la presencia de la mujer y considera al varón como representante universal de lo humano. En algunas acepciones es de uso peyorativo para la mujer o lo femenino.

Ley sálica

Ley que prohíbe reinar a las mujeres y a sus descendientes en línea directa.

Machismo

Pensamiento y conducta que resalta la condición masculina ignorando, despreciando y discriminando todo lo relativo a las mujeres.

Mainstreaming o transversalidad de género

Acción que prioriza el criterio de género en todas las políticas y actividades para conseguir la igualdad entre los dos sexos. Incluye legislación, políticas y programas en cualquier área y a todos los niveles. Es una estrategia para plantear los asuntos de mujer y hombre como dimensión integral del diseño, implementación, evaluación de políticas y programas en toda la esfera política, económica y social, para no perpetuar la desigualdad entre hombres y mujeres.

Masculinidad

Conjunto de cualidades y atributos que se adjudican socialmente a los hombres, que se consideran inherentes a su género y determinan su conducta en la sociedad. Al estar construidos socialmente, son modificables. Existen tantas masculinidades como culturas.

Matriarcado

Sociedad estructurada sobre el poder de la mujer en una determinada cultura.

Métodos cooperativos

Método de enseñanza- aprendizaje basado en la consecución de objetivos conjuntos en base a la vinculación de las personas que participan en la experiencia

Minoría

Situación de un grupo social, de características, valores y experiencias son diferentes a los mayoritarios y dominantes.

Misoginia

Aversión u odio hacia las mujeres.

Mobbing o acoso moral en el trabajo

Perseguir, apremiar, importunar a alguien con molestias o requerimientos. Es una forma de violencia psicológica en el lugar de trabajo con el fin de inducir a la persona que lo sufre a abandonarlo o renunciar a él.

Modelo

Se refiere a una persona cuya conducta se imita, efectos del modelo son facilitación de una respuesta, inhibición o desinhibición de la respuesta dada.

Mujer

Individuo de la especie humana del sexo femenino. Una mujer se «hace» en su interacción con el mundo, con la sociedad y la cultura en que vive.

Mujer tradicional

Educadas para no ser el centro de sus vidas. El sentido de sus vidas se lo dan otras personas y el sentido de su trabajo es el servicio a otras personas.

Mujer moderna

Educadas en la autonomía, la independencia, la individualidad, tienen el sentido y la responsabilidad de su propia vida.

Mujer «egoísta»

Sin miedo a la culpabilidad, mujer subversiva, inconforme con el mundo pero con deseos de ser. Necesita construir la ética del derecho al mal, pues desde el orden social establecido el ser mala es ser una misma.

Mujer coartada

Mujer que triunfa en áreas profesionales tradicionalmente masculinas, que se siente apoyada por ellos y achaca las dificultades de otras mujeres a ellas mismas. Suele servir de coartada para justificar posturas de sexismo.

Mutilación genital femenina

Generalmente es la ablación del clítoris realizada por motivos religiosos o culturales. Es una forma consentida de violencia hacia las mujeres en algunas culturas.

Observatorio de Publicidad No Sexista

Organismo oficial que revisa, analiza y, en su caso, denuncia el uso sexista y degradante del papel de la mujer en la publicidad.

Orientación sexual

Dirige la atracción emocional y sexual de cada persona hacia personas del mismo sexo (homosexualidad) o del sexo contrario (heterosexualidad).

Paridad

Presencia equilibrada de mujeres y hombres en los diferentes ámbitos de la sociedad (político, económico, social y cultural). Este concepto excluye privilegios y discriminaciones y está relacionado con otros términos como democracia paritaria, que parte de la representación equilibrada de hombres y mujeres dentro del ámbito político y social. Este equilibrio consiste en que ninguno de los dos sexos esté representado por más del 60 % ni por menos del 40 %.

Victoria Camps (1998) se pregunta si el aumento en la cantidad de mujeres en el plano de la acción política será solo una cuestión de cantidad o también de calidad. Según ella, la política feminista, además del objetivo de aumentar el número de mujeres entre la clase dirigente debe reivindicar el progreso en cuestiones tradicionalmente feministas y «femeninas»: ley de aborto, prestaciones sociales, nuevo contrato social, etc.

Participación equilibrada de mujeres y hombres

Reparto entre mujeres y hombres en el acceso y la participación en todas las esferas de la vida que constituye una condición primordial para la igualdad. Se considera participación equilibrada aquella en la que la representación de un sexo no es inferior al 40 % ni superior al 60 % con respecto al otro.

Patriarcado

Organización social primitiva en la que la autoridad es ejercida por un varón jefe de cada familia, extendiéndose este poder a los parientes aun lejanos de un mismo linaje. Patrón cultural social y político que subordina a las mujeres al poder del hombre, legitimándolo a través de la tradición y la ley. Literalmente significa «gobierno de los padres» pero las interpretaciones críticas desde el feminismo se refieren a él como un sistema u organización social de dominación masculina sobre las mujeres que ha ido adoptando distintas formas a lo largo de la historia.

Permisos parentales

Derecho individual —y, en principio, no transferible— de todas las personas trabajadoras, hombres y mujeres, a ausentarse del trabajo por motivo de nacimiento o adopción de un hijo.

Perspectiva/enfoque de género

Tomar en consideración y prestar atención a las diferencias entre mujeres y hombres en cualquier actividad o ámbito dado de una política o intervención. Mirada que tiene en cuenta las diferencias entre hombres y mujeres en las acciones, actividades y situaciones.

Pertinencia de género

Modo de aproximarse y analizar una realidad (económica, social, política, legal, organizativa, metodológica, etc.) en el que la variable sexo es el eje principal del análisis que se realiza. Se trata de conocer si esa variable es relevante y significativa en la intervención que se va a emprender.

Plan de igualdad de la empresa

Los planes de igualdad de las empresas son un conjunto ordenado de medidas, adoptadas después de realizar un diagnóstico de situación, tendentes a alcanzar en la empresa la igualdad de trato y de oportunidades entre mujeres y hombres y a eliminar la discriminación por razón de sexo. Los planes de igualdad fijarán los concretos objetivos de igualdad a alcanzar, las estrategias y prácticas a adoptar para su consecución, así como el establecimiento de sistemas eficaces de seguimiento y evaluación de los objetivos fijados. (LOIE, Art. 46).

Poderío

Concepto que abarca un conjunto de poderes positivos para vivir y que podemos desarrollar.

Prejuicio

Opinión previa y tenaz, por lo general desfavorable, acerca de algo que se conoce mal.

Publicidad sexista

Publicidad que resalta o utiliza los estereotipos de género siendo, generalmente, discriminatoria para la imagen de la mujer.

Roles de género

Papel que se adjudica a hombres o mujeres de manera diferenciada y construido sobre ideas culturales, religiosas o políticas. Limitan en numerosos casos las actitudes, comportamientos o valores de ambos.

Segregación horizontal

En el mercado laboral, situación en la que a las mujeres se les fomenta y facilita el acceso a empleos o estudios que se presuponen típicamente femeninos —servicios o industrias de menor desarrollo—, al tiempo que encuentran obstáculos y dificultades para asumir ocupaciones que socialmente se siguen considerando masculinas, ligadas a la producción, la ciencia y los avances de las tecnologías.

Segregación vertical

Conocida como «techo de cristal», es aquella que establece límites a las posibilidades de ascenso laboral de las mujeres. A pesar de que se registra una democratización en el acceso a diversos puestos de trabajo por parte de las mujeres, los puestos relacionados con las posibilidades de decisión siguen siendo patrimonio de los hombres.

Sexismo

Suposición, creencia o convicción de que uno de los dos sexos es superior al otro. Se expresa en un contexto de ciertos comportamientos y estereotipos tradicionales basados en el sexo, los cuales resultan ser un conjunto de prácticas discriminatorias hacia personas del supuesto sexo inferior.

Sexo

Condición biológica que diferencia a los seres vivos en machos y hembras.

Sexualidad

Desarrollo y vivencia de la condición sexual, según la identidad y la orientación sexual. Comporta condiciones físicas y biológicas, de conductas y actitudes, emocionales y afectivas y también culturales.

Sincretismo de género

Desajuste de identidad o desequilibrio de género, es decir, lucha entre ser su centro de vida o poner a los demás en su centro.

Socialización

Proceso por el que cada persona asume, a lo largo de su desarrollo y a través de las interacciones con otras personas, valores, cultura, y costumbres que interioriza como propias. Muchas de ellas son significativamente diferentes para hombres y mujeres y suponen una discriminación.

Sororidad

Amistad entre mujeres diferentes y pares, que se proponen trabajar, crear y convencer. Se encuentran y reconocen en el feminismo para vivir la vida con un sentido libertario (Marcela Lagarde).

Techo de cristal

Forma de discriminación no explícita que impide a las mujeres acceder a lugares de mayor responsabilidad social o política.

Teoría feminista

Crítica de la sociedad cuyo objetivo es poner de manifiesto que las tareas asignadas históricamente a las mujeres no tiene su origen en la naturaleza sino en la sociedad (Rosa Cobo Bedia).

Tolerancia cero

Resolución formulada por el Parlamento Europeo en 1997, que tiene como objetivo modificar las actitudes en la sociedad, de manera que bajo ningún concepto se tolere o permita la violencia contra las mujeres a nivel individual, colectivo e institucional.

Toma de decisiones

La toma de decisiones a nivel individual se caracteriza porque una persona hace uso de su razonamiento y pensamiento para elegir una opción más apropiada ante un problema que se le presente en la vida. En la toma de decisiones importa la elección de un camino a seguir, por lo que en un estadio anterior deben evaluarse alternativas de acción. Si estas últimas no están presentes, no existirá decisión.

Trabajo productivo

Esfuerzo humano aplicado a la producción de riqueza, reglamentado y reconocido, tiene como contraprestación una remuneración económica.

Trabajo reproductivo

Esfuerzo y actividad humana que mantiene la reproducción de la vida y todas las tareas de cuidado y mantenimiento que necesita.

Transgénero

Incluye todas las muestras de expresión de género diferentes a lo que se espera de la persona en función de su sexo biológico, generalmente, transexuales o travestis.

Transversalidad

Inclusión en todas las áreas curriculares, actividades, actitudes y conductas que se dan en la escuela de la perspectiva de género. Supone la integración de la perspectiva de género en una actuación, considerando los puntos de partida prioridades y necesidades respectivas de mujeres y hombres, con vistas a promover la igualdad entre ambos sexos y teniendo en cuenta, desde la fase de planificación, sus efectos en las situaciones respectivas de unas y otros cuando se apliquen, supervisen y evalúen.

Valores

Cualidad de los hechos, objetos y opiniones que los hace susceptibles de ser apreciados. Marcos preferenciales de orientación de las personas. Generan conductas y orientan la cultura hacia determinadas características, originan actitudes y se refrendan en normas. Son el fundamento de las actitudes y las normas, dado que orientan la conducta con actitudes acordes a ese valor.

Víctima

Persona que padece daño por culpa ajena o por causa fortuita.

Violencia de género

Término acuñado en la Conferencia Mundial sobre la Mujer, en Pekín en 1995 y que se define como «todo acto de violencia sexista que tiene como resultado posible o real un daño de naturaleza física, sexual, psicológica, incluyendo las amenazas, la coerción o la privación arbitraria de libertad para las mujeres, ya sea en la vida pública o la privada». Está considerado como el crimen encubierto más frecuente del mundo. (Asamblea General de Naciones Unidas). La violencia de género se manifiesta como el símbolo más brutal de la desigualdad existente en nuestra sociedad. Se trata de una violencia que se dirige sobre las mujeres por el hecho mismo de serlo, por ser consideradas, por sus agresores, carentes de los derechos mínimos de libertad, respeto y capacidad de decisión.

Violencia física

Uso de la fuerza física o coerción por parte del agresor contra la víctima, sin respetar sus derechos, para lograr que esta haga algo que no desea o deje de hacer algo que desea.

Violencia intrafamiliar

Cualquier acción u omisión que produzca un daño a la integridad física, sexual, emocional, social o patrimonial de un ser humano donde media un vínculo familiar o íntimo entre la víctima y su agresor. Cualquier conducta que tenga por propósito la amenaza, la degradación, la privación arbitraria de la libertad, el control del comportamiento o la coacción. Incluye la violencia conyugal, abuso sexual o físico de niños y niñas y la agresión ejercida contra personas mayores.

Violencia doméstica

Formas de violencia contra las mujeres varían, desde la humillación y coerción de tipo económico hasta los actos de brutalidad física por maridos, parejas, padres, hermanos, tíos y otros varones que se encuentran dentro del hogar o están asociados con él.

Visibilidad

Hacer patente la obra de las mujeres y su contribución al desarrollo de la humanidad a lo largo de la historia, reparando el ocultamiento al que la cultura del patriarcado, las ha sometido.

Bibliografía

- Ley Orgánica 3/2007, de 22 de marzo, para la igualdad efectiva de mujeres y hombres. BOE n.º 71, de 23 de marzo de 2007.
- Real Decreto Ley 6/2019, de 1 de marzo, de medidas urgentes para garantía de la igualdad de trato y de oportunidades entre mujeres y hombres en el empleo y la ocupación.
- Real Decreto-ley 901/2020, de 13 de octubre, por el que se regulan los planes de igualdad y su registro.
- Real Decreto-ley 32/2021, de 28 de diciembre, de medidas urgentes para la reforma laboral, la garantía de la estabilidad en el empleo y la transformación del mercado de trabajo.
- *Estrategia para la igualdad de género. 2018-2023*. Consejo de Europa. Ministerio de Asuntos Exteriores de Cooperación-Oficina de interpretación de Lenguas (107/18- EML/MA/RG).
- Orden PCI/120/2019, de 31 de enero, por la que se convoca la concesión del distintivo «Igualdad en la Empresa» correspondiente al año 2018, y se establece sus bases reguladoras. BOE n.º 36. Lunes, 11 de febrero de 2019.
- Orden TMS/83/2019, de 31 de enero, por la que se desarrollan las normas legales de cotización a la Seguridad Social, desempleo, protección por cese de actividad, Fondo de Garantía Salarial y formación profesional para el ejercicio 2019
- Guía de Buenas Prácticas «*Medidas más eficaces para la igualdad de oportunidades entre mujeres y hombres.* Red de empresas con Distintivo «Igualdad en la Empresa» (Red DIE). Ministerio de Sanidad, Servicios Sociales e Igualdad.
- Plan de Igualdad para las empleadas y empleados del Ayuntamiento de Zaragoza (2016-2019)

- Protocolo para la prevención y actuación frente al acoso sexual y acoso por razón de sexo en el ámbito laboral. Manual de referencia. Elaborado por la Subdirección General para el Emprendimiento, la Igualdad en la Empresa y la Negociación Colectiva. Editado por el Instituto de las Mujeres. Octubre 2021.

- Guía para la elaboración e implantación de un protocolo de acoso en la empresa. Desarrollado por el Gabinete de PRL de CEM y financiado por la Fundación Estatal para la Prevención de Riesgos Laborales. CEM 2019.

- *Bienvenida a la Red de Empresas con Distintivo «Igualdad en la Empresa»* (Red DIE). Subdirección General para el Emprendimiento, la Igualdad en la Empresa y la Negociación Colectiva de Mujeres. Instituto de la Mujer y para la Igualdad de Oportunidades. Secretaría de Estado de Igualdad. Ministerio de Presidencia, Relaciones con las Cortes e Igualdad.

- Guía Práctica *«Cómo elaborar un Plan de Igualdad».* Secretaría de la Mujer de CCOO de Andalucía.

- *Aclarando algunas dudas sobre Planes de Igualdad.* Federación de Servicios a la Ciudadanía de CCOO. Junio 2011.

- *Seguimiento y Evaluación de los Planes de Igualdad.* Junio 2015. Boletín Igualdad Empresa. Ministerio de Sanidad, Servicios Sociales e Igualdad.

- *La igualdad entre hombres y mujeres.* Fichas Técnicas sobre la Unión Europea. 2019. Parlamento Europeo.

- *Diseño de Planes de Igualdad*. UGT- Andalucía. 2011.

- *Guía para el seguimiento y evaluación de los planes de igualdad.* Secretaría Confederal de la Mujer de CCOO.

- *Buenas Prácticas en la negociación de Planes de Igualdad.* Secretaría Confederal de la Mujer de CCOO.

- *Orientaciones para negociar medidas y planes de Igualdad de Oportunidades entre Mujeres y hombres en las empresas*. Instituto de la Mujer 2008.

Páginas web

- Ministerio de la Presidencia, Relaciones con las Cortes e Igualdad. Servicio de Asesoramiento para planes y medidas de igualdad en las empresas. http://www.igualdadenlaempresa.es/faq/home.htm
- *https://www.zaragoza.es/ciudad/igualdad/enlace/organizacion/ plan-igualdad.htm*